WASHINGTON

INSOLITE ET SECRÈTE

SHARON PENDANA

EDITIONS JONGLEZ

guides de voyages

Nous avons pris grand plaisir à l'élaboration du guide *Washington insolite et secrète* et nous espérons qu'il vous permettra à vous aussi de découvrir de nouveaux aspects atypiques ou méconnus de la capitale américaine. Certains descriptifs s'accompagnent d'une section thématique mettant en lumière des détails historiques ou des anecdotes afin d'aider le lecteur à mieux appréhender la ville dans toute sa complexité.

Ce guide insiste également sur le nombre de détails insolites devant lesquels nous passons tous les jours sans les apercevoir, et nous invite ainsi à parcourir les différents quartiers avec attention et curiosité, que nous soyons en voyage ou bien dans notre ville de résidence...

Si vous souhaitez nous faire part de vos remarques au sujet du guide ou si vous avez des suggestions pour améliorer les prochaines éditions, n'hésitez pas à nous écrire :

- Éditions Jonglez, 25 rue du Maréchal Foch 78000 Versailles, France
- E-mail : info@editionsjonglez.com

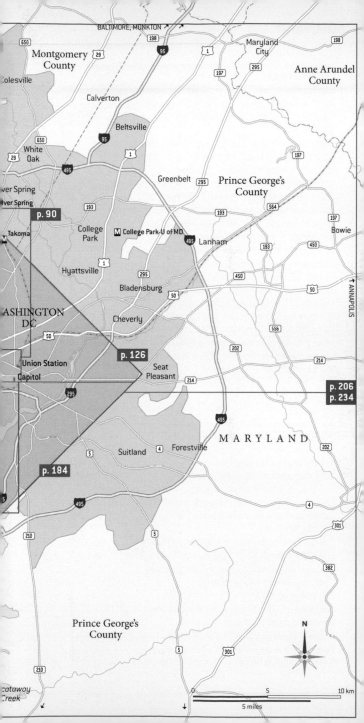

SOMMAIRE

SOMMAIRE

ALENTOURS SUD

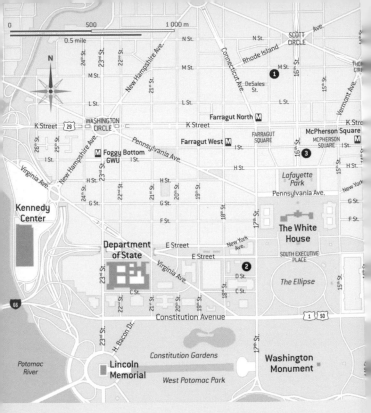

CENTRE-VILLE

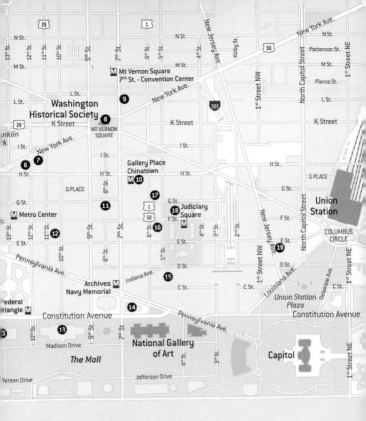

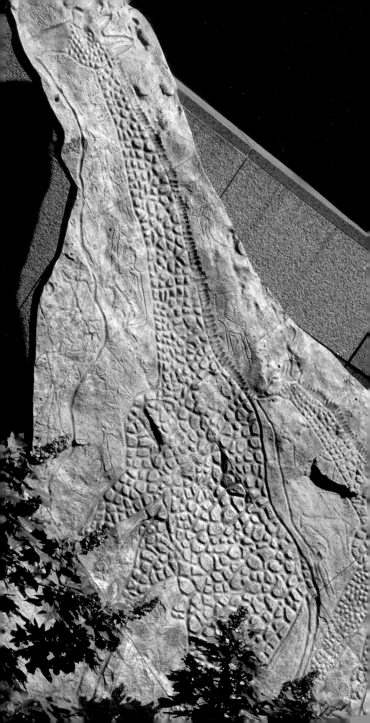

RÉPLIQUE DU PÉTROGLYPHE DE GIRAFES DE DABOUS ❶

National Geographic
1145 17th Street NW
• nationalgeographic.com
• Tél. : +1 202-857-7588
• Accès : métro Farragut North (ligne rouge) ou Farragut West (lignes bleue, orange ou grise)

> **Trésor de l'âge de pierre saharien**

Deux girafes rescapées de la préhistoire saharienne se cachent à côté du siège de National Geographic, dans un coin arboré de la place. Il s'agit d'une reproduction des girafes de Dabous au Niger, pétroglyphe néolithique de 6 mètres situé dans une étendue désolée du Sahara. Cette région du Ténéré (« où il n'y a rien »), qui abrite à présent des tribus touareg, était autrefois une zone luxuriante, entre 7 000 et 10 000 ans avant notre ère. Les incroyables ruminants dissimulés sur un affleurement de grès du massif de l'Aïr datent de cette période.

Découverte par les occidentaux en 1987, la plus grande gravure rupestre au monde (la région en comprend plus de 800) fut étudiée dix ans plus tard par le Trust for African Rock Art (TARA), qui reconnut l'importance de cette œuvre secrète du Sahara et mit en place un dispositif de préservation en partenariat avec l'UNESCO et le gouvernement nigérien, confiant à des Touaregs le soin de surveiller le site.

Ce pétroglyphe exceptionnel présentait néanmoins des signes de détérioration et il fut inscrit parmi les 100 premiers monuments figurant sur la liste du patrimoine mondial en péril. Grâce au soutien de la fondation Bradshaw (consacrée à l'étude et la préservation de l'art rupestre dans le monde) et de la National Geographic Society USA, l'atelier de restauration Mérindol reproduisit minutieusement la gravure à l'aide d'un moule en silicone pour pouvoir l'exposer dans le monde entier. Réalisée en France, la première reproduction se trouve à l'aéroport d'Agadez, à 2 heures de route de Dabous. Par chance, c'est dans la capitale américaine que se cache la seconde réplique de ce trésor de l'âge de pierre saharien.

DE L'ÂGE DE PIERRE À L'ÂGE DE L'INFORMATION

Ces artistes anonymes de l'âge de pierre nous ont laissé en héritage ces majestueuses girafes, l'animal vivant le plus grand au monde. Inspiré par les girafes du Zimbabwe, l'artiste Shumba Masani fabrique des sculptures de twiza pouvant atteindre 3 mètres de haut à partir de canettes en aluminium. Twiza, « girafe » en langue shona, se traduit par l'expression poétique « celle qui broute depuis les cieux ». Vous pouvez admirer la ménagerie de l'artiste tous les samedis au son du mbira (piano à pouces) à l'Eastern Market.

VITRAIL TIFFANY™ FAVRILE AU SIÈGE DE LA CROIX-ROUGE ❷

American Red Cross National Headquarters
- 430 17th Street NW
- redcross.org/about-us/history/explore-our-history
- Tél. : +1 202-303-4233
- Ouvert mercredi et vendredi, visites à 10 h et 14 h sur réservation : tours@redcross.org ; fermé la plupart des jours fériés ; présenter une pièce d'identité
- Accès : métro Farragut North (ligne rouge) ou Farragut West (lignes bleue, orange ou grise)

Le plus grand vitrail Tiffany™ Favrile conçu pour un édifice profane

Peu après son investiture, le président Teddy Roosevelt, en froid avec Louis Comfort Tiffany, exigea que soient retirés les remarquables vitraux Tiffany commandés en 1885 pour le vestibule de la Maison-Blanche. Mais la résidence présidentielle n'a pas le monopole ; non loin de là, un autre édifice d'un blanc chatoyant, en marbre du Vermont, possède un vitrail Tiffany de 1917 en verre « Favrile » : le siège national de la Croix-Rouge américaine.

Un guide chaleureux vous escorte en haut d'un magnifique escalier en marbre et vous passerez ensuite devant le journal et le nécessaire de couture de la fondatrice de la Croix-Rouge, Clara Barton, pour rejoindre la salle du Conseil des gouverneurs. Derrière les objets offerts à l'association, on peut admirer un triptyque de vitraux rendant hommage aux femmes héroïques qui s'occupaient des morts lors de la guerre de Sécession. Conçu par Louis C. Tiffany, fils du célèbre joaillier, il fut réalisé en verre « Favrile », pareil à un joyau, aux Tiffany Studios. Bien que Tiffany soit souvent considéré comme l'inventeur de cette technique (qui consiste à enduire le noyau du verre au lieu d'en peindre la surface), c'est en fait Arthur J. Nash, son chimiste, qui en est l'auteur.

Seules les couleurs chair sont délicatement peintes en surface et l'on trouve également des incrustations de verre coloré. Si vous regardez attentivement, vous les apercevrez sur la bride du cheval et dans la flamme de la lampe de sainte Philomène. Sur le vitrail de gauche, la patronne des cas désespérés est entourée des représentations de la Foi, de l'Espoir, de la Charité et de la Pitié. Sur celui de droite figure Una, femme du chevalier à la croix rouge dans le poème allégorique du XVIe siècle d'Edmund Spenser, La reine des fées. Les roses tombant de son tablier symbolisent un esprit généreux et elle est accompagnée de la Sagesse et de la Vérité. Sur le vitrail central, on peut voir des chevaliers en armure qui se rendent au combat, dont l'un est agenouillé auprès d'un soldat blessé. L'ensemble a été créé pour représenter l'esprit de la Croix-Rouge.

Accompagné de moulures décoratives, c'est le plus grand vitrail Tiffany Favrile™ in situ conçu spécifiquement pour un édifice profane. Un dispositif a été ajouté récemment pour le mettre en valeur, comme l'explique le guide : « Quand on les a rénovés en 2005, on a installé une plaque de verre blindé à l'extérieur ainsi qu'un rétroéclairage pour qu'ils soient plus visibles. »

MOSAÏQUES MURALES DES TRAVAILLEURS DE LUMEN WINTER ❸

AFL-CIO Headquarters
815 16th Street NW
• dclabor.org / Tél. : +1 202-637-5000
• Ouvert du lundi au vendredi de 9 h à 16 h 30
• *Labor omnia vincit* se trouve dans le hall d'entrée
• Pour voir *Labor is Life*, contacter Chris Garlock : cgarlock@dclabor.org
• Accès : métro Farragut West (lignes bleue, orange ou grise)

> *Véritables merveilles en marbre, or et verre d'Italie*

L a ville de Washington est dotée d'une myriade de superbes mosaïques, érigées en l'honneur de saints dans les nombreuses églises de la capitale, depuis la cathédrale nationale jusqu'à la basilique du sanctuaire national de l'Immaculée Conception, et des dieux mythiques, comme cette remarquable Minerve de la paix à la bibliothèque du Congrès. Non loin de la Maison-Blanche, deux magnifiques fresques en mosaïque rendent cette fois hommage aux travailleurs américains on ne peut plus ordinaires.

Réalisées à la perfection d'après les plans de Lumen Martin Winter, artiste mosaïste de renom connu principalement pour ses fresques peintes, les œuvres de 4 mètres sur 21 ornent les murs des deux halls du siège de l'AFL-CIO, véritables merveilles en marbre, or et verre d'Italie.

En juin 1956, le président Eisenhower assista à l'inauguration du bâtiment et de la première mosaïque, intitulée Labor is Life en référence à une citation de Thomas Carlyle, philosophe et satiriste du XIXe siècle : « Le travail c'est la vie : au plus profond de son cœur, le travailleur possède la force, don de Dieu.» Les personnages centraux, un père protecteur, une mère assise et un enfant avec un livre, furent reproduits en septembre de la même année sur un timbre imprimé pour la Fête du travail.

Vingt ans plus tard, l'édifice fut agrandi, nécessitant la création d'une seconde fresque pour décorer le mur du nouveau hall. Lumen Winter conçut alors une autre mosaïque sur le thème du travail, plus belle encore que la précédente, dont le titre, Labor omnia vincit, « le travail vient à bout de tout », est une maxime tirée de l'œuvre du poète latin Virgile.

C'est la première chose que l'on aperçoit en entrant dans le hall, au-dessus du logo de l'AFL-CIO représentant deux mains jointes qui est imprimé sur le sol en granito. L'autre mosaïque, Labor is Life, située désormais de l'autre côté du portique de sécurité, n'est plus librement accessible au public. Chris Garlock, directeur du Metropolitan Washington Council, AFL-CIO, et créateur de la DC Labor Map, organise parfois des visites.

LES CENDRES DE JOE HILL

Accusé de meurtre sans preuves matérielles, Joe Hill, syndicaliste adhérent aux Industrial Workers of the World (IWW), fut exécuté en 1915 en dépit de la demande d'amnistie du président Woodrow Wilson. Ses cendres furent réparties dans 600 enveloppes pour être ensuite dispersées par ses partisans. L'une d'elles, vide, est conservée aux Archives nationales, au 700 Pennsylvania Avenue NW.

ALMAS TEMPLE

1315 K Street NW
- almasshriners.org
- Tél. : +1 202-898-1688
- Accès : métro McPherson Square (lignes bleue, orange ou grise)

Terrain de jeu franc-maçon dans la capitale

Noyé au milieu des tours de bureaux, l'Almas Temple détonne avec ses couleurs intenses, véritable joyau étouffé par les gratte-ciel voisins. L'édifice, inspiré par l'architecture de l'Alhambra, abrite l'Ordre arabe ancien des nobles du sanctuaire mystique (AAONMS), connu à présent sous le nom de Shriners et surnommé « le terrain de jeu franc-maçon ».

Cette société paramaçonnique nord-américaine fut fondée en 1870 d'un désir d'amour fraternel et de divertissement, à la fois pour s'amuser et rendre service à l'autre. Bien que l'ordre se soit développé autour d'une fascination pour l'Orient, dont l'influence se ressent dans l'architecture du temple et dans les rites, il n'a aucun rapport direct avec la religion islamique. Les membres de la fraternité se saluent néanmoins par « Es Selamu Aleikum » (« que la paix soit avec vous »), auquel ils répondent « Aleikum Es Salam » (« avec vous soit la paix »), modifiant le salaam de l'islam.

En 1885, dix francs-maçons du Rite écossais de Washington (cf. page 115) s'associèrent avec des représentants du Boumi Temple de Baltimore pour fonder une société shriner dans la capitale. Comme le veut la tradition, à sa création le 14 juin 1886, la fraternité reçut un nom arabe, Almas («diamant»). Construit en 1929, le temple de style néo-mauresque avec ses céramiques élaborées et son remarquable triptyque fut inscrit au registre du patrimoine des États-Unis en 1966 et classé monument historique en 1981, ce qui le sauva de la destruction à la fin des années 80, au moment du réaménagement de K Street. En 1989, la façade ainsi que certains éléments de la construction furent démontés, numérotés puis réassemblés quelques mètres plus loin. Aujourd'hui, les membres de la fraternité Almas continuent leurs missions caritatives avec leur petit fez rouge sur la tête, au milieu des splendides mosaïques polychromes, parmi les dernières de la ville.

LE CHEMIN DE LA MECQUE

En 1923, Washington accueillit les membres du Grand conclave impérial de l'AAONMS, moment phare de l'histoire de la fraternité Almas. Une parade de 11 km fut organisée, « Le chemin de la Mecque », et les membres défilèrent en grande pompe dans Pennsylvania Avenue avec leurs sabres et leurs fez traditionnels, honorant la réputation de Washington, qualifiée de « première destination des États-Unis pour les congrès » par Leonard P. Steuart, célèbre potentat de la société Almas.

À PROXIMITÉ

FRANKLIN SCHOOL

Longtemps considéré comme la contribution majeure de l'architecte allemand Adolf Cluss à la ville de Washington, l'imposante Franklin School s'élève sur le côté est de Franklin Square et s'étend sur toute la longueur de la rue. L'établissement est devenu un modèle de réussite scolaire. Une plaque usée et peu regardée au coin de K Street et de 13th Street relate une anecdote historique. Le 3 juin 1880, Charles Sumner Tainter, assistant d'Alexander Graham Bell, transmit un message vocal optique au moyen de leur photophone depuis le toit de l'école, tout près du buste de l'inventeur du paratonnerre Benjamin Franklin, jusqu'au laboratoire du 1325 L Street.

PROCLAMATION PRÉLIMINAIRE D'ÉMANCIPATION D'ABRAHAM

⑤

LincolnLincoln Parlor of the New York
Avenue Presbyterian Church
1313 New York Avenue NW
• nyapc.org
• Tél. : +1 202-393-3700
• Visites du lundi au vendredi de 9 h à 16 h 30, à moins qu'une réunion ne soit prévue au salon Lincoln
• Accès : métro McPherson Square (lignes bleue, orange ou grise) ou Metro Center (ligne rouge)

> *Ébauche de la Proclamation d'émancipation*

En décembre 1951, Barney Balaban, fils d'immigrants juifs de Russie et président de Paramount Pictures, offrit un document historique qu'il avait acheté aux enchères, non pas aux Archives nationales, à l'Institut Smithsonian ou encore à la bibliothèque du Congrès, mais à une église. Ce document, « l'un des plus importants du patrimoine américain » selon Balaban, n'est autre que le brouillon d'un décret d'émancipation rédigé de la main du président Lincoln le 14 juillet 1862. Il ajouta que c'était un « grand honneur » pour lui de l'offrir à « l'église que fréquentait Lincoln ». Aujourd'hui, le manuscrit est exposé fièrement au Lincoln Parlor de la New York Avenue Presbyterian Church.

Le décret ne put être publié si tôt, mais il s'agit bien là d'une version préliminaire de la Proclamation d'émancipation du 1er janvier 1863, qui marqua le premier pas vers l'abolition de l'esclavage aux États-Unis.

Le manuscrit de deux pages, conservé pendant des années au département de la Guerre, fut récupéré par un gardien au moment où il allait être détruit et resta ensuite plusieurs décennies dans sa famille. Bien qu'il soit désormais encadré et exposé à l'église dans des conditions peu optimales (inclinaison, atmosphère et éclairage spécifiques), il reflète de façon tangible la mission d'intégration et de justice sociale de la congrégation. Ce document n'est toutefois pas le seul clin d'œil à l'ancien fidèle de l'église presbytérienne. On peut également apercevoir devant l'entrée le poteau auquel il attachait son cheval ainsi qu'un vitrail à son effigie, installé au-dessus du banc de la famille Lincoln.

À PROXIMITÉ

NATIONAL MUSEUM OF WOMEN IN THE ARTS
Construit en 1908 comme temple maçonnique, le 1250 New York Avenue NW abrita un cinéma de 535 places des années 50 au début des années 80. Après d'importantes rénovations, l'édifice devint en 1987 le National Museum of Women in the Arts, seul musée consacré exclusivement aux femmes artistes. Parmi ses 4 500 œuvres, on peut citer le seul tableau de Frida Kahlo exposé à Washington, Autoportrait dédié à Léon Trotsky (1937), peint en souvenir de sa liaison clandestine avec le révolutionnaire marxiste, ainsi que Rainy Night, Downtown (1967), l'œuvre de Georgia Mills Jessup, artiste de Washington descendante de la tribu pamunkey, dont les racines remontent à la confédération powhatan, première population installée dans la région.

CÉRAMIQUE *LA TRANSFORMATION DE NOS OCÉANS I : HISTOIRE D'UN RÉCIF CORALLIEN* ➏

American Association for the Advancement of Science
1200 New York Avenue NW
- aaas.org
- Tél. : +1 202-326-6400
- Ouvert du lundi au vendredi de 9 h à 17 h
- Accès : métro Metro Center Station (lignes rouge, orange, bleue ou grise)

> **Lumière sur les récifs en danger**

L'œuvre de l'artiste et défenseur des océans Courtney Mattison, une incroyable réplique de coraux scléractiniaires, de tentacules d'anémones et d'autres invertébrés marins, attire notre attention sur un fantastique jardin sous-marin, hélas menacé : le récif corallien. Cette merveille en céramique de 3 mètres sur 5 a été installée dans le hall de l'Association américaine pour l'avancement des sciences dans le but d'accroître l'intérêt du public pour les sciences et la technologie.

La transformation de nos océans I : histoire d'un récif corallien n'est autre que le sujet de mémoire de Courtney Mattison, en master d'écologie à l'université Brown, réalisé avec le concours de l'École de design de Rhode Island. Cette installation grandiose est le résultat de son projet interdisciplinaire visant à montrer comment l'art peut influencer la préservation du milieu marin. Dans le cadre de sa licence de sculpture et de biologie marine à Skidmore College, Courtney profita d'un stage à l'université australienne James Cook pour se consacrer à sa passion de longue date pour la mer et aller explorer la Grande Barrière de corail. « Mes œuvres rendent hommage aux espèces exotiques de la flore et de la faune océaniques en lien avec leur complexité biologique, leur diversité et leur vulnérabilité », résume-t-elle.

En exposant ces curiosités des profondeurs méconnues du public, elle espère parvenir à « sensibiliser les gens à la beauté fragile des écosystèmes menacés des récifs coralliens », susciter l'intérêt pour leur préservation et obtenir des changements de politique.

Sa connaissance scientifique intime de ces organismes marins en danger l'a aidée tout au long de la création des différents éléments de la sculpture, façonnés à la main, peaufinés avec des baguettes et des instruments de dissection, puis émaillés et cuits dans un four à céramique avant d'être assemblés. L'argile et l'émail utilisés pour reproduire le récif corallien contiennent tous deux du carbonate de calcium et du corail naturel, conférant ainsi à l'œuvre une plus grande authenticité.

L'installation illustre la dégradation progressive d'un récif corallien. Sur le tiers inférieur, on peut admirer un récif vivace et diversifié, au centre, la plupart des coraux sont décolorés et seules quelques espèces ont survécu, et dans la partie supérieure, ce sont les algues qui prédominent. L'ensemble dénonce les conséquences de l'urbanisation du littoral, de la pêche intensive et du réchauffement des océans, dû au changement climatique. Tout en haut à droite du tableau, on aperçoit cependant une touche d'espoir : une branche de corail rouge émerge de l'amas d'algues, symbole d'une possible guérison.

GARE ROUTIÈRE HISTORIQUE DES AUTOCARS ❼ GREYHOUND

1100 New York Avenue NW
• 1100newyorkavenue.com
Vous pouvez visiter le musée pendant les heures de bureau ; photos interdites
• Accès : métro Metro Center (ligne rouge)

> *L'ancien « Grand Central des cars »*

L e logo familier à l'entrée du 1100 New York Avenue, un lévrier en pleine course, nous aide à deviner l'ancienne fonction du bâtiment. Cette construction de style « paquebot », qui sert aujourd'hui de hall d'entrée à l'énorme tour attenante, abritait autrefois la gare routière de la compagnie d'autocars Greyhound. Surnommée le « Grand Central des cars » en référence à la célèbre gare new-yorkaise, c'est l'une des plus belles gares Greyhound de ce style, parmi la cinquantaine réalisée par William S. Arrasmith. L'architecte a abandonné le revêtement bleu en acier émaillé typique de ses gares précédentes et a opté cette fois pour le calcaire supérieur de l'Indiana, afin de souligner l'éminence de la capitale américaine.

La gare en trapèze pouvait accueillir 13 autocars garés en épi, permettant ainsi aux véhicules de circuler de manière efficace et aux voyageurs d'accéder facilement à leur plateforme. Des photos de paysages grandioses ornaient les murs de la salle d'attente pour vanter le côté pittoresque des voyages en autocar, tout comme le film de 1934 New York-Miami, dans lequel Claudette Colbert prend le bus pour New York.

Plusieurs milliers de spectateurs assistèrent au concert d'inauguration le 25 mars 1940, avec un orchestre et des danseurs de swing. « Greyhound vous ouvre une nouvelle porte vers l'Amérique tout entière », pouvait-on lire sur les publicités de la compagnie, ou encore « Venez découvrir les spécificités de cette nouvelle gare avant-gardiste ». Le bâtiment était climatisé et comprenait une consigne, un restaurant, un coiffeur, un télégraphe et plusieurs W.C.

La gare routière principale de Washington garda son style Art déco jusqu'à ce que la célèbre façade en forme de ziggourat soit recouverte d'affreux panneaux d'amiante en 1976. Un groupe d'irréductibles se mobilisa pour la préservation du bâtiment, menacé de démolition, et finit par obtenir que la façade d'origine soit restaurée.

Grâce à leurs efforts, le hall d'entrée a été conservé et le propriétaire actuel a aménagé une exposition pour retracer l'histoire de cette gare, qui a révolutionné les voyages en autocar dans les années 40. Des reproductions en taille réelle des véhicules de l'époque sont garées exactement comme au temps où la gare était en activité.

La compagnie Greyhound fut fondée en 1914 pour acheminer les mineurs du Minnesota.

Photographs

TO A YOUNG HISTORIAN

If Washington tonight were hid
In ashes as was once Pompeii,
Some one, as Bulwer-Lytton did,
Would sometime have a word to say.
And he would always seek, of course,
An excellent primary source.

On looking back to 1950
This future Toynbee, Beard, or Scott,
Would find that Jack's three books are nifty
And he would use them, like as not,
To see our town, as it appears
Across the intervening years.

So don't give up, Jack, gifts I bear,
Procured by this, your humble rhymer.
And all salute that noble pair,
Herodotus and John P. Wymer.
Littera scripta manet. Paucis verbis:
Nosce te ipsum. Ars longa, vita brevis.

COLLECTION DE PHOTOS DE JOHN P. WYMER ❽

Kiplinger Research Library
Historical Society of Washington DC
801 K Street NW
• dchistory.org
• Tél. : +1 202-249-3955
• Ouvert du mardi au vendredi et un samedi par mois de 10 h à 16 h sur
rendez-vous ; fermé les jours fériés
• Accès : métro Mount Vernon Square/7th Street Convention Center (lignes
verte ou jaune) ou Gallery Place-Chinatown (lignes rouge, verte ou jaune)

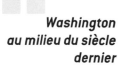

*Washington
au milieu du siècle
dernier*

D e 1948 à 1952, John P. Wymer, résident célibataire de Manor Park originaire de Californie, s'employa à photographier les moindres recoins du district de Columbia à l'aide de son fidèle Pentax. Bien qu'il ait beaucoup voyagé, il affirma qu'il n'avait «jamais vu de ville plus belle que Washington». Statisticien de la division des statistiques sur l'emploi et la main d'œuvre du Bureau of Standards, il consacra tous ses weekends et ses vacances à sa passion. À une époque où personne n'aurait imaginé Google et ses Street Views, il prit l'initiative d'immortaliser les rues de la capitale telles qu'elles étaient au milieu du siècle dernier, afin de « rendre compte de la manière dont Washington apparaissait à ses habitants dans les années 50 ».

Sans formation de photographe ni de cartographe, il définit au sein du district 57 zones de 500 mètres carrés chacune et commença à prendre des photos reflétant l'ambiance de chaque quartier. Même s'il ne cherchait pas à photographier les gens, ceux qui se trouvaient dans la rue à ce moment-là apparaissaient sur les clichés. Il composa 50 albums regroupant 3 972 images, sur lesquelles il avait minutieusement inscrit la date et l'adresse à la machine à écrire. Il rédigea une présentation pour chacun des quartiers et dessina un plan de la zone en question – pas facile avec des mains atteintes de paralysie. « Nous sommes très heureux d'avoir hérité de sa collection. Elle est tellement complète, c'est un rêve d'archiviste ! », raconte Laura Barry, de la Historical Society of Washington DC, à qui la collection de Wymer a été léguée.

Lorsque le Regardie's Magazine demanda à John P. Wymer en 1986, alors qu'il avait 81 ans (il mourut en 1995), quelle avait été sa motivation, il répondit que c'était juste un passe-temps. Si l'on en croit ses notes, il est pourtant clair que ce « hobby » était destiné aux générations futures. Il atteignit son objectif en 1978, quand l'écrivain et historien James Goode eut vent de ses albums photo et, conscient de leur valeur historique, prévint la Historical Society of Washington

DC. Cette dernière accueillit à bras ouverts toute la collection du photographe. Les albums originaux, de basse qualité, se sont un peu détériorés et sont aujourd'hui conservés dans des pochettes plastifiées, mais toutes les images et annotations ont été numérisées et les livres reproduits.

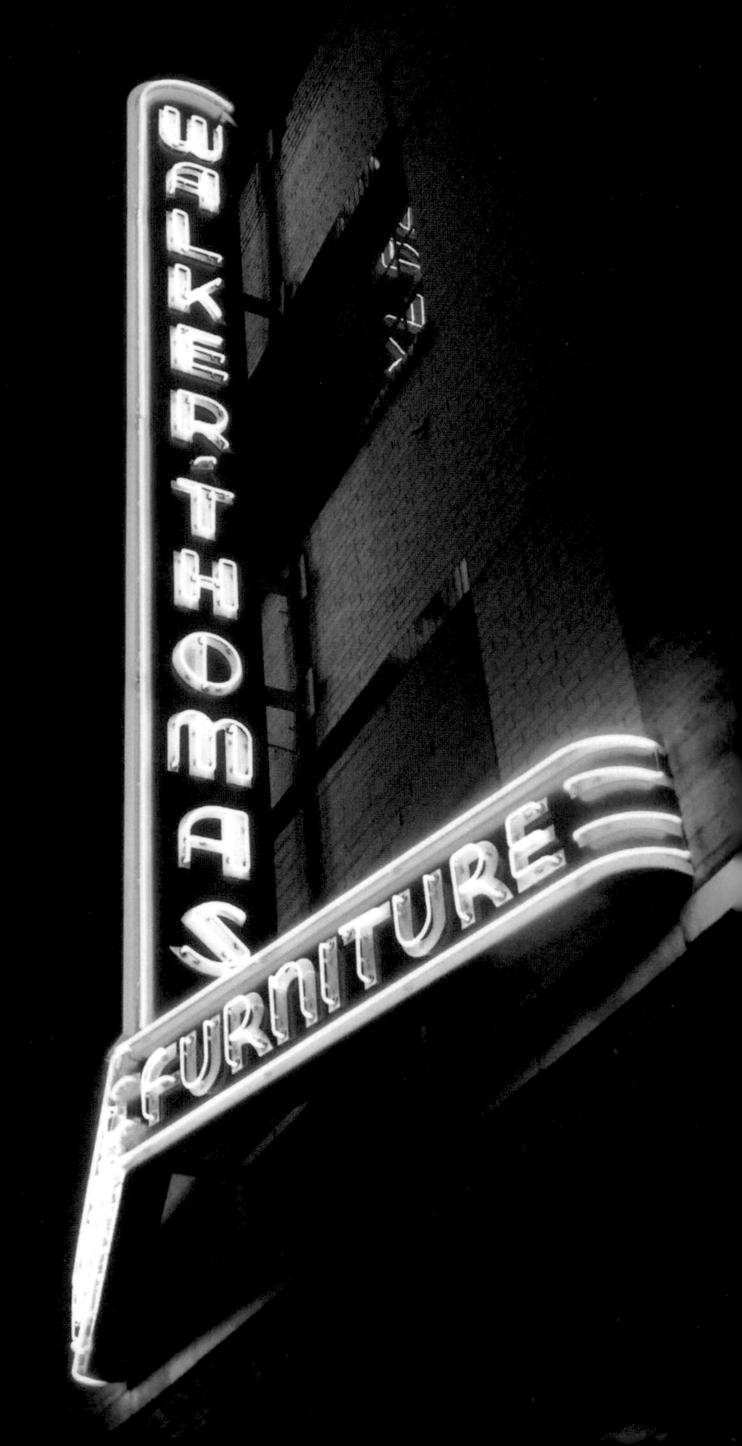
WALKER THOMAS
FURNITURE

L'ENSEIGNE DU MAGASIN WALKER-THOMAS ❾ FURNITURE

1027 7th Street NW
Accès : métro Mt. Vernon Square (lignes verte ou jaune)

> *Pleins feux sur un cas d'école juridique*

The Hub, Eberly & Sons, House & Herrmann, Grogan's, Rudden's, Dodek's, Jackson Brothers, Alperstein's, PJ Nee's, Mazor Masterpieces, Marlo... Voilà un petit aperçu des nombreux marchands de meubles qui ont ouvert boutique sur 7th Street NW depuis le XIXe siècle. Dans le quartier de Mount Vernon Triangle, près du croisement de 7th Street et de L Street, une enseigne lumineuse impeccablement rénovée rappelle l'histoire longue de près d'un siècle de cet axe nord-sud fourmillant d'activité, connu sous le nom de DC's Furniture Row. Bien que l'enseigne de Walker-Thomas Furniture paraisse comme neuve, la réputation du magasin s'inscrit dans les annales du droit américain des contrats comme celle du fondateur moderne du concept d'exorbitance.

Le procès d'Ora Lee Williams contre Walker-Thomas Furniture Co. prend en compte le caractère exécutoire des contrats abusifs et est devenu un incontournable du programme de première année en fac de droit. De 1957 à 1962, le magasin accorda un crédit à sa cliente pour de nombreux achats. Le contrat stipulait qu'aucun article n'entrerait en sa propriété tant qu'elle ne se serait pas acquittée de l'intégralité de sa dette. Lorsqu'en 1962, Mme Williams ne remboursa pas l'achat d'une chaîne hi-fi, Walker-Thomas Furniture lui intenta un procès pour récupérer la totalité des meubles qu'elle avait achetés au cours des cinq dernières années en plus de l'article non réglé, et on leur accorda gain de cause. La cliente contesta cette décision, mais la cour d'appel confirma le verdict du tribunal de première instance. Par la suite, la cour d'appel cassa la décision et renvoya l'affaire devant le tribunal de première instance pour statuer sur l'exorbitance du contrat, se référant à un jugement de 1870. Selon Scott vs États-Unis, « Si un contrat est déraisonnable et exorbitant, sans être nul, le tribunal accorde des dommages-intérêts au plaignant, en fonction non de la lettre du contrat, mais de l'équité. »

L'affaire fut entendue le 9 avril 1965 à la cour d'appel du circuit du district de Columbia et le jugement rendu le 11 août 1965. C'est le juge J. Skelly Wright qui rédigea la décision de la cour. Le contrat a été jugé exorbitant et donc inapplicable en raison de son caractère collatéral.

Dans les années qui suivirent le jugement, la zone fut dévastée par les émeutes de 1968. Le bâtiment, dont l'enseigne lumineuse a été restaurée par son nouveau propriétaire, Douglas Development, contribue ainsi à redonner vie à ce quartier « malfamé » qui, selon le Washington Post, « devient de plus en plus huppé ».

SIÈGE HISTORIQUE DE L'ASSOCIATION DES COMMERÇANTS CHINOIS ON LEONG ❿

618 H Street NW
• Accès : métro Gallery Place-Chinatown (lignes rouge, verte ou jaune)

> *Vestige de l'ancien quartier chinois*

Bien avant que la célèbre Arche de l'amitié ne reçoive le titre de plus grand paifang (arche chinoise) hors de Chine, l'Association des commerçants On Leong joua un rôle majeur dans le développement du quartier chinois de la capitale. En 1932, lorsque le premier Chinatown fut déplacé, l'association acheta deux immeubles mitoyens datant des années 1850 dans H Street, dont elle refit la façade en intégrant des éléments de l'architecture chinoise traditionnelle. Le projet marqua le premier pas vers la transformation de cette ancienne enclave allemande. Le bâtiment abrite aujourd'hui le restaurant Chinatown Garden, mais une plaque à l'entrée rappelle son activité passée.

La présence chinoise à Washington remonte à 1851, lorsque Chiang Kai élut domicile dans Pennsylvania Avenue, près de 4½ Street. Peu à peu, de nombreux Cantonais célibataires s'installèrent dans l'avenue, donnant ainsi naissance à la communauté Little China. Malgré la tentative de réduire l'immigration par la Loi d'exclusion des Chinois votée en 1882, de plus en plus de familles chinoises vinrent habiter dans le quartier, qui s'étendit progressivement de 3rd Street jusqu'à 7th Street. Au moment de l'inauguration de Chinatown, les habitants des immeubles situés sur le trajet du défilé s'en mirent plein les poches en faisant payer un droit d'accès à leur appartement.

Comme dans la plupart des communautés chinoises aux États-Unis, de nombreuses associations bénévoles et sociétés tong proposaient des services d'entraide et d'assistance aux habitants. En 1912, une branche de l'On Leong Tong fut fondée à Washington et constituée en société le 3 septembre 1919. À la fin des années 20, le quartier de Chinatown dut laisser place à la

construction de bâtiments de l'État fédéral et fut transféré un peu plus loin, dans H Street, sous l'initiative d'On Leong. L'organisme changea de nom, remplaçant le terme tong, souvent associé aux fumeries d'opium et aux réseaux criminels, par « Association des commerçants », et réussit à faire de Chinatown un quartier d'affaires dynamique, malgré plusieurs vagues de sinophobie.

Pendant les émeutes de 1968 et la période de déclin qui s'ensuivit, de nombreux résidents quittèrent le centre-ville pour s'installer dans les quartiers résidentiels du Maryland et de Virginie. Les derniers commerces et habitants du quartier durent déménager une nouvelle fois à cause de la construction d'un centre de congrès (aujourd'hui démoli) en 1980, puis d'un palais omnisports en 1997. En 1982, Alfred Liu conçut la maison Wah Luck au coin de H Street et de 6th Street, dont les 153 appartements étaient destinés à reloger les personnes âgées.

Aujourd'hui, Chinatown est un quartier commerçant prospère, qui a su conserver un juste équilibre entre les magasins de marque (avec inscriptions en caractères chinois) et les établissements d'origine œuvrant à la préservation de son patrimoine culturel.

Le Centre culturel de Chinatown, situé au 616 H Street, propose des cours de peinture chinoise, de guzheng (cithare chinoise), de kung-fu et de tai-chi.

LE TRÔNE DU TROISIÈME CIEL DE **⓫**
L'ASSEMBLÉE GÉNÉRALE DU MILLÉNIUM
DES NATIONS

Smithsonian American Art Museum
8th et F Street NW
• americanart.si.edu
• Tél. : +1 202-633-1000 • Entrée gratuite
• Ouvert tous les jours de 11 h 30 à 19 h, fermé le 25 décembre
• Accès : métro Gallery Place/Chinatown (lignes rouge, jaune ou verte)

> **N'ayez**
> **crainte ...**

De 1950 à sa mort en 1964, James Hampton se consacra discrètement à la construction, dans son garage, d'un autel à Dieu, qu'il intitula « Le trône du troisième ciel de l'Assemblée générale du millénium des Nations ». Cette création majestueuse a été conservée pour la postérité à l'Institut Smithsonian.

James Hampton quitta sa ville natale, Elloree (Caroline du Sud), pendant la grande migration afro-américaine pour s'installer chez son frère à Washington, où il exerça comme cuisinier. Peu après son vingt-troisième anniversaire, il consigna cette remarquable vision : « Il est vrai que Moïse, porte-parole des Dix Commandements, est apparu à Washington, le 11 avril 1931 ».

Après trois ans de service militaire dans le Pacifique, le vétéran de la Seconde Guerre mondiale revint vivre à Washington, dans une petite pension, et travailla à l'Administration des services généraux (GSA). Il eut alors une nouvelle vision : « Il est vrai que le 2 octobre 1946, la Vierge Marie et l'étoile de Bethléem apparurent dans le ciel de la capitale ».

Convaincu que Dieu lui avait enjoint de bâtir « Le trône », le dévot Hampton s'acquittait de ses fonctions de gardien au GSA jusqu'à minuit, puis passait des heures dans son sanctuaire à ériger son sublime monument, à l'aide d'objets de récupération : carton, aluminium, pots de confiture, vieux meubles et ampoules. Il espéra en vain trouver une « femme sainte » avec qui

partager sa ferveur divine, et resta célibataire.

Ce n'est que le jour où le loyer du garage ne fut pas payé, pour la première fois en quatorze ans, que le propriétaire découvrit le décès de son locataire solitaire ainsi que cette merveille scintillante, qui comprenait notamment une étoile à quatorze branches, semblable à celle

de la grotte de la Nativité de Bethléem. On y trouva plus de 180 objets de culte entourés de papier d'aluminium, surmontés de l'inscription « N'ayez crainte ». Le message « Archives pour l'État d'Éternité » confirme l'inspiration biblique de son hommage. Signés « Saint James, directeur des Projets spéciaux pour l'État d'Éternité », ces textes sont rédigés en partie en anglais et dans une langue inconnue qui lui aurait été transmise par Dieu. Sur le mur, on peut lire le proverbe 29:18 : « Quand il n'y a pas de révélation, le peuple est sans frein ».

Le contenu du garage fut offert à la sœur de James Hampton, mais celle-ci le refusa. Finalement, c'est le conservateur de l'Institut Smithsonian qui acheta Le trône. Le célèbre critique d'art Robert Hugues fit son éloge dans le Time Magazine, écrivant qu'il « pourrait bien s'agir de la plus belle œuvre d'art religieux visionnaire créée par un Américain ».

LA TOUR DE LIVRES SUR ABRAHAM LINCOLN ⑫

The Ford's Theatre Center for Education and Leadership
514 10th Street NW
- fords.org
- Tél. : +1 202-347-4833
- Ouvert de 9 h à 16 h 30. Horaires d'ouverture variables, téléphoner ou consulter le site Internet pour plus d'informations
- Entrée gratuite ; accès à l'escalier en colimaçon qui entoure la sculpture par la maison Petersen voisine, où Lincoln est mort (3,75 $, inclut l'entrée au Ford's Theatre)
- Un nombre limité d'entrées gratuites, valables le jour même, sont disponibles à 8 h 30 à la billetterie
- Accès : métro Metro Center (lignes rouge, bleue, orange ou grise)

> *Ce grand homme n'a pas fini de faire couler de l'encre*

À Washington, le 16e président des États-Unis a droit à presque autant d'honneurs que le célèbre homonyme de la ville. Chaque quartier ainsi que la banlieue nord de la capitale, possède au moins un monument à son effigie, mais la dernière œuvre en date érigée en hommage au président abolitionniste assassiné n'est ni son portrait en marbre ou en bronze ni un tableau à son image. C'est une pile de répliques de livres sur Abraham Lincoln, qui défie la loi de la gravité. Ce monument récent se dresse dans l'atrium du Center for Education and Leadership, situé juste en face du légendaire Ford's Theatre, où le président Lincoln fut tué par balle le 14 avril 1865. D'une hauteur de 10 mètres, la tour semble s'élever à l'infini, comme pour symboliser que ce grand homme n'a pas fini de faire couler de l'encre.

Après Jésus-Christ, Abraham Lincoln serait l'homme qui a le plus fait parler de lui dans l'histoire, avec plus de 15 000 ouvrages publiés sur lui. La direction du musée a obtenu l'autorisation de l'éditeur de reproduire la couverture de plus de 200 livres, dont la plupart sont encore publiées, pour servir de modèle aux 6 800 copies en aluminium ignifugé. L'œuvre plus vraie que nature a été réalisée et installée par les studios Split Rock, une entreprise spécialisée dans la conception muséographique. Chaque livre a été collé à la main et intégré à l'ensemble en l'espace de deux semaines, en commençant par le bas, puis en prenant appui sur des échelles de différentes tailles et enfin à l'aide d'un chariot élévateur pour le haut de la pile.

Parmi les ouvrages, on trouve des travaux universitaires de Harold Holzer, les mémoires d'Elizabeth Keckley (ancienne esclave et couturière de l'épouse du président), des analyses du génie politique d'Abraham Lincoln par Doris Kearns Goodwin, des récits de James Swanson et d'Anthony S. Pitch au sujet de l'assassinat de Lincoln et de ses répercussions, ou encore des contes humanistes pour enfants mettant en scène l'auguste personnage. Les 205 titres se répètent à l'intérieur de la tour, jalonnée de quelques volumes reliés cuir sans titre pour harmoniser la composition.

SOIRÉE PYJAMA À L'INSTITUT SMITHSONIAN ⓵⑬

National Museum of American History
14th Street et Constitution Avenue NW ou
National Museum of Natural History
10th Street et Constitution Avenue NW
• smithsoniansleepovers.org
• Tél. : +1 202-633-3030
• Consulter le site Internet pour connaître les dates ; le programme commence à 19 h et se termine le lendemain à 8 h 45
• Les participants doivent être accompagnés, au moins un adulte pour trois enfants. Les frères et sœurs de moins de 8 ans ne sont pas acceptés. Les accompagnateurs doivent avoir plus de 21 ans. Les adultes ne peuvent participer seuls. Tous les participants doivent s'inscrire au préalable par téléphone ou sur le site Internet.
• Tarifs : 135$ (120$ pour les adhérents Smithsonian Associates)
• Accès : métro Federal Triangle (lignes bleue, orange ou grise)

Avez-vous déjà passé votre soirée à résoudre une énigme policière dans l'un des musées les plus prestigieux au monde ? Vous êtes-vous déjà endormi sous une baleine de 15 mètres de long ? Décidément, les enfants ont bien de la chance.

Nuit au musée

Chaque été, les Smithsonian Associates, la division en charge de la programmation éducative et culturelle de l'Institut Smithsonian, proposent une expérience nocturne insolite à l'intention du jeune public. Les enfants de 8 à 12 ans ont ainsi l'occasion d'explorer de nuit soit le National Museum of Natural History, soit le National Museum of American History, selon leur choix. Eh oui, c'est bien une soirée pyjama au musée, avec chaperons bien sûr.

Au National Museum of American History, les participants sont censés enquêter sur le vol mystérieux de 6 objets de la collection du musée. Les jeunes détectives doivent ainsi parcourir les différentes galeries du musée pour repérer les objets manquants avant les 12 coups de minuit. S'ils suivent les indices méthodiquement jusqu'au lieu du délit, ils parviendront alors à résoudre l'énigme. Après toute une série de jeux, d'expériences et d'ateliers créatifs, les gamins ravis pourront s'allonger dans leurs sacs de couchage pour une bonne nuit de sommeil. Le lendemain matin, petit-déjeuner au café Stars and Stripes puis shopping dans la boutique avant de partir, ouverte spécialement pour eux.

Au National Museum of Natural History, la vedette s'appelle Phoenix. La soirée s'articule autour de jeux, d'énigmes et d'activités manuelles en lien avec l'exposition, puis les invités regardent un court-métrage sur un écran IMAX avant de dérouler leurs sacs de couchage dans l'Ocean Hall sous une magnifique reproduction grandeur nature d'une baleine franche de l'Atlantique nord, la femelle Phoenix. Étudiée de près par les scientifiques depuis sa naissance, ses moindres particularités physiques ont été reproduites à la perfection, y compris ses callosités au niveau de la tête, dont la répartition permet l'identification des individus. Tout comme leurs camarades, les participants du National Museum of Natural History pourront prendre leur petit-déjeuner et faire des emplettes avant de se séparer.

CHAMBRE RÉVERBÉRANTE DE LA *ROTONDE* ⓔ *DES PROVINCES*

Ambassade du Canada
501 Pennsylvania Avenue NW
• canadianembassy.org
• Tél. : +1 202-682-1740
• Accès : métro Archives (lignes verte
ou jaune)

L'ambassade du Canada aux États-Unis jouit d'un emplacement privilégié sur Pennsylvania Avenue, avec une vue splendide sur le Capitole. Dessinée par le prestigieux architecte canadien Arthur Erickson, la nouvelle chancellerie fut inaugurée en 1989, car ses anciens locaux du quartier d'Embassy Row étaient devenus trop exigus. La Rotonde des Provinces donne sur la cour est ; ses 12 piliers symbolisent les 10 provinces et les 2 territoires que comptait le Canada à l'époque de la construction du bâtiment et son dôme recèle un secret acoustique : il réverbère les sons arrivant d'en bas.

Rotonde réverbérante

Mais bien que la rotonde soit entourée d'une jolie cascade circulaire rappelant les chutes du Niagara à la frontière des États-Unis et du Canada, le bruit de l'eau n'est pas amplifié par le dôme. L'effet acoustique est bien plus subtil. Pour faire l'expérience de cet écho, il faut se tenir au centre de la rotonde, ceux qui se trouvent à la périphérie n'en bénéficieront pas.

> Parmi les autres curiosités acoustiques de la capitale, on peut citer un dôme réverbérant du même genre au Pavillon Philip Johnson de Dumbarton Oaks (cf. page 63) ou encore la célèbre statue d'Einstein à l'Académie nationale des sciences. Si vous vous placez pile au centre et que vous parlez, votre voix sera amplifiée et vous aurez l'impression qu'Albert vous écoute en vous regardant droit dans les yeux.

À PROXIMITÉ

L'ESPRIT DE HAIDA GWAII

Pour la cour de l'ambassade, Erickson a commandé une sculpture à l'artiste Bill Reid d'origine haida (peuple autochtone de l'archipel Haida Gwaii, anciennement îles de la reine Charlotte). Cette statue en bronze de 6 mètres est considérée comme l'œuvre phare de l'artiste aujourd'hui décédé. Entassés dans un canoë, des créatures mythologiques, des animaux, des femmes et des hommes évoquent la croyance haida en l'unicité du vivant. Reid a écrit à propos de son œuvre ce commentaire éloquent : « Notre petit bateau ne manque certainement pas d'activité, mais a-t-il

un but ? Le personnage central, qui pourrait être ou ne pas être l'Esprit de Haida Gwaii, nous guide-t-il, puisque nous sommes tous dans le même bateau, vers une plage sûre au-delà des confins du monde, comme il semble le faire, ou bien est-il perdu dans les errances de son propre rêve ? Le bateau avance, ancré au même endroit pour l'éternité».

FRESQUE MURALE EN CÉRAMIQUE
DEMOCRACY IN ACTION

(15)

West Courtyard of the Henry J. Daly Building
300 Indiana Avenue NW
- mpdc.dc.gov/page/police-headquarters
- Tél. : +1 202-727-4218
- Accès : métro Judiciary Square (ligne rouge)

> *Héroïsme et brutalité en céramique*

Dans la cour ouest du commissariat de police, à l'abri des regards, une fresque de 1941 illustre les activités du service de police et de la brigade de pompiers de Washington. Réalisé par l'éminent sculpteur céramiste Waylande Gregory dans le cadre du dernier projet de la WPA, cet admirable bas-relief fit grand bruit au moment de son installation. Les pompiers y sont représentés en héros, tandis que sur l'un des portraits, on peut apercevoir deux hommes noirs frappés par des agents de police.

Selon le spécialiste de céramiques Dr. Tom Folk : « Le titre de l'œuvre est évidemment ironique. Gregory savait bien qu'au niveau des droits des Afro-américains, la démocratie était encore loin d'être acquise. En créant cette fresque pour la façade du commissariat de Washington, il a essayé d'exposer au grand jour les injustices dont étaient victimes les Noirs à cette époque. »

Le service de police s'offusqua et exigea que la fresque soit retirée, mais le sculpteur de la Commission américaine des beaux-arts, Paul Manship, et la Première dame des États-Unis, Eleanor Roosevelt, prirent la défense de l'œuvre de 25 mètres sur 2, qui était alors la plus grande sculpture en céramique au monde.

Elle fut donc conservée, mais la porte menant à la cour resta verrouillée pendant des années. Elle l'est d'ailleurs aujourd'hui encore, seuls de rares employés sortent parfois dans la cour pour fumer. Mais la fresque est parfaitement visible depuis la fenêtre ; si vous zoomez avec votre appareil photo, vous pourrez admirer les centaines de carreaux émaillés en terre cuite. Il n'est pas impossible que l'œuvre de Gregory ait cherché à dénoncer les discriminations raciales, mais à y regarder de plus près, on se pose

néanmoins quelques questions. Dans la scène controversée, l'homme roux aux prises avec la police n'a pas l'air d'avoir la peau noire, en revanche, il semble frapper l'homme noir qui est au sol. Mais alors, où est le bourreau et où est la victime ? S'agit-il d'un exemple de violence policière, ou bien l'agent essaie-t-il au contraire de protéger le Noir de l'homme au couteau ? À vous de décider.

FRESQUE *HEALTH AND WELFARE*

Dans la cour est, la fresque de l'artiste Art déco Hildreth Meière, moins polémique, est composée de 10 scènes illustrant la santé publique et les aides sociales auxquelles ont droit les habitants de Washington.

À PROXIMITÉ

PLAN DE WASHINGTON EN MOSAÏQUE

Vous devez payer votre ticket de parking, obtenir une licence pour votre arme à feu ou encore rencontrer votre conseiller pénitentiaire ? Profitez-en pour jeter un œil au plan de la ville en céramique réalisé en 1940 par Eric Menke, en partie caché par les détecteurs de métaux dans le hall du bâtiment de C Street.

LE HALL DU KECK CENTER

The National Academies Building
500 5th Street NW
- national-academies.org
- Tél. : +1 202-334-2000
- Ouvert du lundi au vendredi de 9 h à 17 h ; présenter une pièce d'identité
- Accès : métro Judiciary Square (ligne rouge)

> *Une encyclopédie visuelle*

Slow Rondo, cette sculpture cinétique en haut d'une barre d'immeubles au coin de 5th Street et de F Street NW attire les regards vers un immense complexe dédié aux sciences. L'un des bâtiments, le Keck Center, ressemble aux constructions postmodernes du centre-ville abritant des bureaux, que l'on remarque à peine, à moins d'y travailler. Et c'est bien le cas.

Mais avant de rejoindre leur bureau, le millier d'employés de l'Académie des sciences (cf. page 25) passe devant une incroyable encyclopédie visuelle, conçue par l'artiste Larry Kirkland. Cette œuvre d'art multidimensionnelle gigantesque recouvre les trois murs du hall d'immeuble. D'après le site Internet de l'artiste, les images gravées sur les murs en granit noir et en marbre crème ivoire (comme cette colonne vertébrale humaine dessinée par Léonard de Vinci en 1489) « représentent les sciences et la relation de l'homme à l'environnement ». Des objets en bronze, tels que ce cœur humain et de nombreux spécimens naturels (dont un morceau de bois fossile vieux de 40 millions d'années), donnent du relief à l'installation. Quatorze équations fondamentales ornent les murs et le sol du hall, du célèbre $E = mc^2$ d'Albert Einstein à la température de Hawking d'un trou noir, découverte en 1974.

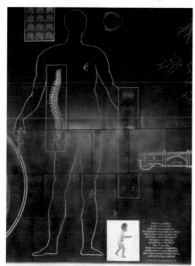

Chaque mur comporte plus d'une douzaine de détails : à gauche, on peut admirer l'inventivité humaine et les efforts déployés pour comprendre l'univers ; le mur central, en granit, est centré sur la biologie, la médecine et notre relation à l'environnement, tandis que le mur de droite rend compte de la volonté de l'homme de façonner l'environnement, ainsi que des progrès de la société et de sa destruction. Un descriptif complet des différents éléments de l'installation est disponible à l'entrée du hall.

MUSÉE DU PATRIMOINE GERMANO-AMÉRICAIN AUX ETATS-UNIS

17

719 6th Street NW
- gahmusa.org
- Tél : +1 202-467-5000
- Ouvert du mardi au vendredi de 11 h à 17 h, samedi de midi à 17 h, fermé dimanche et lundi
- Entrée gratuite, le musée accepte les dons
- Accès : métro Gallery Place/Chinatown (lignes rouge, jaune ou verte)

Le seul musée national du Patrimoine allemand aux États-Unis

Construit à l'origine pour John Hockemeyer, commerçant et vétéran de la guerre de Sécession, la bâtisse grise au n° 719 6th Street arbore une banderole jaune portant l'inscription «German-American Heritage Museum», à la fois en anglais et en caractères chinois. Avant de devenir le Chinatown de Washington dans les années 30, le quartier abritait en effet une importante communauté allemande au XIXe siècle.

La présence allemande sur le continent remonte à la fondation de Jamestown en 1608. À la fin des années 80, alors que l'immigration était en légère hausse dans le district, Carl Schurz devint le premier sénateur allemand des États-Unis. L'architecte Adolf Cluss apporta son lot de contributions élégantes au paysage urbain. Emile Berliner, ancien commis dans un atelier de tissage de 7th Street (aujourd'hui l'Institut Goethe), inventa le gramophone. La résidence Hockemeyer, qui abritait l'un des premiers bowlings de la capitale, était alors au cœur de l'activité du quartier.

Transformée en musée, elle célèbre aujourd'hui l'histoire de la population allemande des États-Unis (le plus grand groupe ethnique du pays après 400 ans d'immigration) et leur influence sur la vie de la nation. Un escalier rendant hommage aux illustres Américains d'origine allemande mène à la salle d'exposition, où préside le buste gigantesque de Haendel.

Le musée couvre un très large éventail et présente aussi bien les innovations du Nouveau Monde que les traditions de l'Ancien Monde, telles que le carnaval. « Le carnaval a autant d'importance en Allemagne qu'à La Nouvelle-Orléans », explique Petra Schürmann, l'administratrice du musée. Des confréries organisent un défilé, où « princes » et « princesses » en costume de cour se moquent de l'ordre établi dans une sorte d'hilarité libertine. Dans la Forêt-Noire, ils revêtent des masques effrayants, font du bruit et brûlent des objets pour « faire fuir les mauvais esprits de l'hiver », ajoute-t-elle. Et les masques de style vénitien rivalisent d'élégance au célèbre bal costumé de Munich.

Une fois par mois, le musée organise un brunch traditionnel bavarois, le Frühschoppen (apéritif du matin), accompagné de bière, de bretzels, de saucisses et le tout animé par un invité spécial. Le projet Einsteinchen collecte et préserve les histoires des descendants d'immigrés allemands aux États-Unis.

LA DÉCLARATION D'INDÉPENDANCE : PUBLIÉE EN ALLEMAND UN JOUR AVANT DE L'ÊTRE EN ANGLAIS

Un document encadré dans le musée révèle un fait méconnu ; comme le journal de Philadelphie en langue allemande était imprimé très tôt, la Déclaration d'indépendance fut publiée en allemand un jour avant de l'être en anglais.

Quelle que soit votre origine, vous avez sûrement baigné très jeune dans la culture allemande. Les bonbons Haribo multicolores ont vu le jour dans une confiserie à Bonn, le jean a été inventé par Levi Strauss, Snoopy par Charles Schulz, et la poupée Barbie dérive de sa cousine germaine Bild Lilli.

LES SECRETS DU NATIONAL BUILDING MUSEUM ⓲

401 F Street NW
- nbm.org
- Tél. : +1 202-272-2448
- Ouvert du lundi au samedi de 10 h à 17 h, dimanche de 11 h à 17 h ; fermé à Thanksgiving, le 25 décembre et lors d'événements spéciaux Visite guidée gratuite du bâtiment ; tarifs du musée : adulte 10$, enfant 7$ (3-17 ans) ; entrée à la Building Zone 3$ (pour les enfants de 2 à 6 ans)
- Accès : métro Judiciary Square (ligne rouge) ou Gallery Place/Chinatown (lignes jaune ou verte)

Si vous êtes déjà passé près de Judiciary Square, vous avez forcément remarqué cet édifice tripartite en briques qui ne ressemble à aucun autre bâtiment du quartier. Érigé au milieu des années 1880 pour héberger le Bureau of Pensions, ce musée reste un monument unique dans l'architecture civile de la ville.

> *Un trésor enfoui dans la vieille grange rouge de Meigs*

Montgomery C. Meigs, ingénieur civil et quartier-maître général de l'US Army, s'inspira du palais Farnèse de Michel-Ange pour la conception d'un bureau des retraites à l'intention des vétérans de la guerre de Sécession. Mais le bâtiment devait être à la fois ignifugé et peu coûteux, ce qui explique le choix des briques au milieu de cette ville de marbre et de granite. Il imita les corniches du palais avec ses têtes de lion (dont une seule demeure, cachée au deuxième étage) et ses moulures ornées d'un motif d'oves et dards. Et si vous regardez attentivement, vous apercevrez une référence martiale à la place des traditionnelles feuilles d'acanthe ; Meigs a eu l'audace de représenter des bombes et des canons tournés vers le ciel en guise de fioritures.

L'édifice comporte nombre de délicates attentions, telles que des escaliers facilement accessibles aux infirmes, des bouches d'aération sur la façade en briques ainsi qu'une superbe fresque extérieure en hommage à ses camarades vétérans, sur laquelle figure notamment une « plantation d'esclaves libérés par la guerre », qui lui valurent le surnom de « vieille baraque rouge de Meigs ».

À l'intérieur, le Great Hall abrite également quelques secrets. Surmontées de chapiteaux ioniques et corinthiens dorés, les énormes colonnes centrales en faux marbre, recouvertes de plâtre, sont chacune composées de 70 000 briques. Au premier étage, la galerie est bordée de 72 colonnes ioniques en fonte. L'ingénieux Meigs a dissimulé certains documents représentatifs de la fin du XIXe siècle dans le creux des colonnes pour créer des capsules temporelles à l'intention, explique-t-il, des « historiens ou des antiquaires de l'époque où les ruines de ce bâtiment seront ouvertes aux curieux ».

En 1995, le musée profita du trou de quelques centimètres pratiqué dans l'une des colonnes par un vandale pour y introduire un appareil photo endoscopique afin d'en révéler le contenu, découvrant notamment un journal de 1883.

Selon les écrits méticuleux de Meigs, 19 autres colonnes recèlent des objets historiques, parmi lesquels des plans, des archives du département de la Guerre et une reproduction en cuivre de la Déclaration d'indépendance.

Allez voir les expositions temporaires d'architecture et n'oubliez pas de jeter un œil à la boutique, sans doute la meilleure de cette capitale des musées.

MUSÉE DES SAPEURS-POMPIERS

Engine Co. No. 3
439 New Jersey Avenue NW
• Tel. : +1 202-673-1709
• Ouvert du lundi au vendredi de 10 h à 14 h, prendre rendez-vous par téléphone
• Entrée gratuite, mais les dons sont appréciés

De l'extérieur, le siège de l'Engine Company No. 3 n'évoque rien de plus qu'une simple caserne de pompiers. Et pourtant, bien que le bâtiment ne comporte

Un grenier à foin historique

aucune indication, le deuxième étage abrite désormais le musée des sapeurs-pompiers de Washington.

Situé à deux pas de Union Station, celui-ci retrace l'histoire de la ville à travers le développement de l'activité du corps de sapeurs-pompiers. Le dernier étage servait autrefois de grenier à foin, comme en atteste le crochet sur la façade ; la caserne date en effet de 1916, époque des véhicules à traction hippomobile.

L'unité fut dissoute en 1993 et Walter Gold, l'aimable président de l'amicale des sapeurs-pompiers, eut l'idée d'ouvrir le bâtiment au public. En 2001, on transforma le grenier à foin en musée et l'Engine No. 3 réintégra les lieux. Le système de chauffage a également été remplacé pour satisfaire aux normes environnementales de l'Institut Smithsonian.

Le musée rend compte de l'évolution du service depuis ses débuts, en exposant notamment le matériel employé par les valeureux soldats du feu. La plus vieille pièce de la collection est un seau à incendie en cuir (symbole de richesse) portant l'inscription « B. Key 1727 », qui appartenait à Francis Scott Key.

Lors de la visite, Walter Gold rappelle les prouesses acrobatiques des Zouaves du feu en 1861 et raconte la dernière mission des chevaux pompiers, avant que les véhicules attelés ne soient remplacés par des automobiles en 1925. On peut apercevoir leur superbe machine à vapeur de 1905 dans le garage. Il nous montre en riant l'étrange « ancêtre de l'extincteur », deux ballons en verre remplis de substances chimiques qu'il fallait mélanger et jeter dans le feu. « Cette méthode n'a pas duré longtemps », ajoute-t-il. Il évoque ensuite le système d'alarme par téléscripteur (avec une bande pour chaque carrefour principal de la ville), qui permettait de transmettre le numéro de la borne d'appel pompiers actionnée (cf. page 83) avant la mise en place du numéro d'urgence 911.

Dans le Coin des enfants, un ours jovial, mascotte de la sécurité, explique aux bambins le fonctionnement des détecteurs de fumée, les bons réflexes en cas d'incendie ainsi que l'importance des points de rassemblement.

VOUS AVEZ UN ANCÊTRE POMPIER ?

Traditionnellement, tous les pompiers devaient signer le registre d'activité. Le personnel du musée peut retrouver la signature de vos ancêtres et vous en faire une copie.

NORD-OUEST 1

LA COUR DE PIERRES SECRÈTE

Rock Creek Park. Près du Rock Creek Horse Center
5100 Glover Road NW
• nps.gov/rocr
• L'endroit n'est pas officiellement ouvert au public
• Accès : Metrobus E2, E3 ou E4 jusqu'à Military Road

Décombres du Capitole

Non loin des écuries du Rock Creek Horse Center, on peut apercevoir un amoncellement de ruines à demi envahies par la végétation. L'ensemble forme officiellement un dépôt de pierres «actif», mais l'activité principale semble être l'invasion progressive de mousse et de lichen. Parmi ces nombreux blocs rectangulaires, quelques fioritures – modillons et corniches – suggèrent un bâtiment fastueux. Un amas de poinçons de forme arrondie évoque une collection d'amphores antiques. Tout comme les colonnes corinthiennes érigées sur un tertre de l'Ellipse Meadow dans l'Arboretum (cf. Page 151), ces pierres sont les vestiges du Capitole des États-Unis. Mais contrairement aux colonnes de l'Arboretum, personne ne s'est mobilisé pour les préserver et les exposer au public après la rénovation du Capitole au milieu du siècle dernier. Depuis 1959, elles se décomposent le long d'une piste cavalière, à l'abri des regards, près d'un étang en forme de croissant surnommé « Le sourire ».

La cour, située au beau milieu de Rock Creek Park, est placée à la fois sous la responsabilité de l'Architecte du Capitole et du National Park Service, dont les employés chassent systématiquement les curieux. Mais l'endroit vaut le détour et vous pourrez toujours jeter un coup d'œil discret à cette mystérieuse collection en vous promenant dans le parc.

ÉCUREUILS NOIRS

Les animaux atteints de mélanisme ont souvent mauvaise réputation. Les chenilles noires sont annonciatrices de grand froid, les chats noirs portent malheur à celui qui les croise. Et pourtant, il n'y a rien de plus élégant qu'une panthère noire, ce superbe spécimen de léopard mélanique. En 1902 et 1906, le Rondeau Provincial Park d'Ontario offrit 18 écureuils noirs à l'Institut Smithsonian, en échange de quelques individus gris de la région. Leurs cousins canadiens furent lâchés au National Zoo, mais ils proliférèrent rapidement au-delà des grilles du parc. Richard « Thor » Thorington Jr., responsable des mammifères à l'Institut, explique au sujet de leurs trajets migratoires : « J'ai l'impression que la fréquence de la forme mélanique change au cours du temps. Pendant un moment, il y avait une femelle noire très féconde dans notre quartier et le nombre d'écureuils mélaniques avait largement augmenté. » À présent, il n'y en a presque plus. On peut souvent en voir dans Montrose Park (cf. Page 65), s'affairant autour des oranges des Osages qui sont tombées, et d'autres, plus foncés encore, dans Rock Creek Park, occupés à ramasser des glands.

FELIX E. GRANT JAZZ ARCHIVES ❷

University of the District of Columbia
1200 Connecticut Avenue NW
• lrdudc.wrlc.org/jazz/
• Tél. : +1 202-274-5265
• Visites uniquement sur rendez-vous ; les documents ne peuvent être empruntés
• Accès : métro Van Ness-UDC (ligne rouge)

Parmi les trésors des Felix E. Grant Jazz Archives léguées à la University of the District of Columbia, on trouve notamment la trompette de Clark Terry, une carte du club new-yorkais Birdland dédicacée par John Coltrane, 11 000 albums de jazz dont de nombreux 78 tours… Contrairement à la plupart des archives universitaires, cette collection est accessible au public et les intéressés peuvent consulter une pléthore d'enregistrements de jazz et de documents d'archives, aussi bien sur place que sur le site Internet. La conservatrice Judith Korey, professeur au département jazz de l'université, et la technicienne multimédia Rachel Elwell, toutes deux musiciennes, mettent leur passion au service des visiteurs.

Les trésors du jazz accessibles au public

Felix Grant, présentateur radio d'avant-garde et grand spécialiste du jazz, se distingua sur de nombreuses stations de Washington pendant quarante-cinq ans. C'est lui qui fit connaître la bossa nova dans le district, et par extension aux États-Unis ; il fit notamment découvrir le genre musical au guitariste Charlie Byrd, qui enregistra ensuite en 1962 l'album phare Jazz Samba avec Stan Getz à All Souls Church. En 1964, Felix Grant reçut l'ordre national de la Croix du Sud, la plus haute distinction civile du Brésil pouvant être octroyée aux non-Brésiliens.

À la mort de Duke Ellington, en 1974, il insista pour que la ville rende hommage à son musicien de légende. À sa demande, Western High School, reconvertie en école d'art, et Calvert Street Bridge furent renommés en l'honneur du Duke. L'université possède également les documents attestant les démarches de Felix Grant en 1987 pour retrouver la maison natale de Duke Ellington, au 2129 Ward Place NW, ainsi que sa médaille de la Croix du Sud. Le département d'archives, formé à partir du don de sa vaste collection, s'est considérablement développé depuis grâce à de nombreuses acquisitions, parmi lesquelles un Victrola en état de marche, du matériel d'enregistrement, des bornes d'écoute avec de la musique et des enregistrements numérisés de conférences et d'interviews, des livres, des photos et d'autres objets encore évoquant la grandeur du jazz. Le trombone de Calvin Jones est exposé bien en évidence, en hommage à l'ancien directeur du département de jazz de l'université, aujourd'hui décédé.

> Lors du Festival de jazz de Lorton de 1960, animé par Felix Grant, de nombreux artistes de génie, dont Count Basie, Joe Williams, Louis Armstrong, Nancy Wilson ou encore le Charlie Byrd Trio, jouèrent devant 2 000 détenus de la prison de Lorton (cf. page 256).

DARK VADOR PARMI LES GARGOUILLES ❸

Cathédrale nationale de Washington
3101 Wisconsin Avenue NW
• cathedral.org
• Tél. : +1 202-537-6200
• Ouvert du lundi au vendredi de 10 h à 17 h 30, samedi de 10 h à 16 h,
dimanche de 8 h à 16 h
• Entrée gratuite, visite guidée des gargouilles : adulte 12 $, enfant 8 $
(de 5 à 17 ans)
• Accès : métro Tenleytown/AU (ligne rouge) puis bus 30N, 30S, 31 ou
33 ; Dupont Circle puis bus N2, N3, N4 ou N6 ; ou Woodley Park puis bus
96 ou X3

> **Du haut de
> la cathédrale, un
> seigneur Sith nous
> contemple**

Pour faire écouler l'eau de pluie
à distance de ses murs sacrés, la
cathédrale Saint-Pierre-et-Saint-Paul
ne possède pas moins de 112 gargouilles, et
plus d'un millier de chimères, leurs cousines
purement décoratives. Certaines font peur,
comme le veut la tradition : un diable griffu, un serpent menaçant ; d'autres
sont plus fantaisistes, comme ce joyeux basenji et cette hippie protestataire.
L'une d'elles en particulier est un curieux mélange des deux. Comment diable
la tête du célèbre méchant du film Star Wars, Dark Vador, a-t-elle atterri
sur un pinacle de cet édifice religieux promu « Cathédrale nationale » par le
Congrès ?

Pendant la rénovation de la façade ouest en 1985, la cathédrale organisa
un concours en partenariat avec National Geographic invitant les enfants à
imaginer des chimères pour orner les pignons de cette construction gothique.

Quatre modèles furent retenus parmi les 1 400 propositions, dont celui de l'alter ego d'Anakin Skywalker. Christopher Rader, un garçon de 13 ans de Kearney (Nebraska), arriva troisième grâce à son dessin remarquable du perfide seigneur Sith. C'est le sculpteur Jay Hall Carpenter qui en réalisa le premier modèle, taillé ensuite dans un bloc de calcaire par le maître Patrick J. Plunkett. On peut donc apercevoir le profil menaçant de Dark Vador à l'angle nord-ouest de la cathédrale, sur le côté obscur évidemment.

Suggestion de Cathedral.org : « Pour commencer, sortez vos jumelles ! Il est très difficile de discerner Dark Vador à l'œil nu. Sortez de la cathédrale par la rampe d'accès handicapé, qui se trouve derrière les portes en bois près de la statue d'Abraham Lincoln. Descendez la rampe et faites quelques pas jusqu'à la pelouse à votre droite, puis retournez-vous pour regarder la tour la plus proche de vous. Commencez par observer le sommet de la tour. On distingue deux larges pinacles (pointes) aux coins de la tour et un troisième, plus petit, au centre. Si vous laissez votre regard descendre le long du pinacle central, vous apercevrez le premier pignon (fronton triangulaire) : la chimère de Dark Vador se trouve sur le côté nord (à droite). »

Avant de ranger vos jumelles, retournez un instant dans la cathédrale pour voir un morceau de la Lune. Au sens propre ! Un fragment de roche lunaire rapporté par la mission Apollo 11 en souvenir des premiers pas sur la Lune a été incrusté dans le Vitrail de l'espace pour la postérité terrestre.

THE SHRINE, LA FORÊT DE VERRE DU QUARTIER DE PALISADES ❹

À gauche de l'entrée du centre de loisirs de Palisades
5200 Sherier Place NW
Suivez l'ancienne voie du tramway jusqu'à ce que vous aperceviez
quelque chose qui scintille
• Accès : Metrobus D6 jusqu'à Dupont Circle, Farragut North, Farragut
West, Metro Center, Union Station ou Stadium Armory

L'art pour la beauté du geste

Cette œuvre artisanale en perpétuelle évolution, composée de sculptures en différents matériaux, a été érigée avec amour et adresse par l'économiste James McMahon et ses fils, Kazimir (Kaz) et Carl. À l'observer, on pourrait croire que les fées de la forêt ont entrepris de recycler les déchets des hommes et de la nature en un merveilleux mobile fait de lumière et de son. Sur le terrain boisé bordant Palisades Park, cet assemblage de branches d'arbres élégamment parées forme autant de sculptures insolites. Des pièces de vélo et de curieux objets métalliques suspendus aux arbres carillonnent au moindre souffle de vent et des bris de miroirs ondulent en une danse chatoyante. L'installation a pour titre « la forêt de verre », mais les fils MacMahon la surnomment The Shrine (le sanctuaire). Mais en hommage à qui ? « À la vie, à la joie et à la construction », explique Kaz. « C'est plus ou moins la réaction de mon père à la crise de la quarantaine. » Créer ces œuvres d'art éphémères dans la nature apporte en effet un vrai soulagement après une dure journée de travail.

Bien que leur mère, Dale Johnson, soit peintre et directrice de la Watergate Gallery, Kaz et Carl ont choisi un autre moyen d'expression. « Nous avons toujours fait du land art, ne serait-ce qu'en empilant des pierres », confient les deux frères, grands admirateurs du sculpteur britannique Andy Goldsworthy. Kaz travaille dans une quincaillerie et récupère de la ferraille et toutes sortes de pièces de métal. « Je me dis, tiens, qu'est-ce que je pourrais faire avec ça, pourquoi pas un carillon, raconte-t-il. Quand je suis chez mes parents, je viens souvent ici pour construire quelque chose. Et tant pis si le vent l'emporte. »

Cela fait même partie du jeu, la nature façonne la sculpture au même titre que les McMahon. Lorsque l'ouragan Sandy frappa la région à l'automne 2012, il renversa la rangée d'arbres qui entourait le petit bois et détruisit une bonne partie de l'assemblage, mais ils collectèrent les débris pour les réintégrer à l'œuvre d'art. Ils respectent la terre et les êtres vivants, et ramassent les détritus que les promeneurs laissent parfois derrière eux. Kaz aime bien déambuler entre les sculptures pour observer la réaction des visiteurs. « On ne fait pas ça pour gagner de l'argent, ajoute-t-il, mais seulement pour le plaisir de créer et tout le monde peut en profiter. »

COLLECTION D'ART PRÉCOLOMBIEN DE ROBERT WOODS BLISS ❺

Dumbarton Oaks
1703 32nd Street, NW
• www.doaks.org/museum • Tél. : +1 201-339-6401
• Ouvert du mardi au dimanche de 11 h 30 à 17 h 30
• Accessible à tous
• Accès : métro Dupont Circle (ligne rouge), Foggy Bottom-GWU (lignes bleue, orange ou grise), Metrobus 31, 33, 30N, 30S, D1, D2, D3, D6 ou G2 ou Georgetown Circulator

Marotte d'un collectionneur

En 1940, les philanthropes progressistes Mildred Barnes Bliss et Robert Woods Bliss offrirent leur superbe hôtel particulier à l'université Harvard, où Robert fit ses études. Situé au calme dans le quartier de Georgetown, Dumbarton Oaks est entouré de jardins magnifiques et possède une collection de livres rares, d'œuvres d'art et de meubles somptueux. Les époux Bliss considéraient leur ancienne propriété comme la « maison des sciences humaines », et sa vaste bibliothèque abrite à présent un centre de documentation destiné aux chercheurs en études byzantines, précolombiennes et en aménagement du territoire.

Robert Woods Bliss racontait que c'est en apercevant une sculpture olmèque en jadéite chez un antiquaire parisien que « le virus de collectionneur » s'était emparé de lui. Dès 1912, cette « maladie incurable » ne lui a plus laissé de répit. Passionné d'art précolombien, Bliss passa les cinquante dernières années de sa vie à collectionner des objets originaires de trente civilisations primitives américaines différentes. Sa ferveur encouragea le développement de l'étude des cultures indigènes d'Amérique avant l'arrivée de Christophe Colomb.

Vantant les qualités artistiques de ces artefacts précolombiens, jusque-là relégués dans les musées d'histoire naturelle, Bliss prêta sa collection pour une exposition temporaire à la National Gallery of Art en 1947. Celle-ci connut un tel succès, qu'elle fut prolongée jusqu'en 1960. En 1957, il publia le premier catalogue d'œuvres d'art précolombien.

Mildred et Robert Woods Bliss demandèrent à l'architecte Philip Johnson, connu avant tout pour sa Maison de verre, de concevoir un bâtiment moderne pour accueillir la collection d'art précolombien de façon permanente. Avec ses huit dômes, la construction de Philip Johnson évoque les anciennes médersas orientales ; tout en créant un pont entre l'Orient et l'Occident, l'architecte a également permis de faire le lien avec la collection d'art byzantin de Robert Woods Bliss, tout aussi extraordinaire.

Le pavillon est composé de huit galeries circulaires aux baies vitrées arrondies autour d'une fontaine centrale, soit neuf cercles parfaits disposés en carré à l'ombre des arbres. L'architecte souhaitait que le jardin « mène directement au musée et fasse même partie de l'exposition ».

LAMPADAIRES À GAZ DE MONTROSE PARK ❻

3099 R Street NW
- nps.gov/nr/travel/wash/dc11.htm
- Tel. : +1 202-673-7647 (Service de gestion des parcs)
- Le parc est ouvert tous les jours du lever au coucher du soleil
- Accès : Metrobus 30N ou 30S jusqu'à Friendship Heights, Tenleytown-AU, Eastern Market, Potomac Avenue, Naylor Road ou Southern Avenue

> **Derniers lampadaires du district à fonctionner au gaz**

Les lampadaires à gaz de Montrose Park, premier jardin public de Georgetown, sont les vestiges des travaux d'aménagement urbain du début du XXe siècle, avant que l'éclairage public ne devienne électrique. En 1804, l'industriel Robert Parrott revendiqua la propriété d'un terrain à flanc de coteau pour y bâtir sa demeure et implanter sa corderie. Il nomma le domaine « Elderslie » (connu également sous le nom de « Bois de Parrott ») et permit généreusement aux promeneurs de pique-niquer et de fêter le Jour de l'Indépendance sur ses terres. Après sa mort, en 1822, Elderslie connut différents propriétaires, dont le capitaine William et Mary McEwen Boyce, qui le renommèrent en l'honneur des comtes écossais de Montrose. Lorsqu'ils décédèrent à leur tour, respectivement en 1858 et 1880, la propriété fut laissée à l'abandon. Elle fut finalement rachetée par l'État en 1911 pour 110 000$ et transformée en jardin public, sous les instances d'une résidente du quartier, Sarah Louisa Rittenhouse, dite « Miss Loulie ».

Des réverbères à gaz en fonte furent alors installés le long du chemin où les employés de Robert Parrott tressaient autrefois les fils de chanvre pour fabriquer des cordages. Érigés en 1912 par l'American Streetlight Company, ces lampadaires noirs striés sont munis de lanternes festonnées surmontées de poinçons décoratifs. Reconnaissables à leur lueur orangée, ce sont les derniers réverbères du district fonctionnant au gaz.

LABYRINTHE VÉGÉTAL DE BUIS

Le long de la pergola, construite en 1913 au-dessus du chemin, vous pourrez apercevoir un petit labyrinthe de buis. Les haies ne sont plus aussi bien taillées qu'autrefois, mais les enfants s'en donneront à cœur joie ! Il ne manquerait plus que Jack Nicholson et une musique inquiétante pour se croire dans le film Shining.

À PROXIMITÉ

LES TRÉSORS DE TUDOR PLACE

Jane, la sœur du capitaine Boyce, épousa George Washington Parke Custis Peter, l'arrière-petit-fils de la toute première Première dame des États-Unis, Martha Washington. Tudor Place, située non loin du parc, abrita six générations de la célèbre famille Custis Peter, avant qu'Armistead Peter 3rd n'ouvre la propriété au public en 1983 (effective en 1988). Parmi les nombreux trésors de famille exposés dans la demeure et les jardins, on peut notamment citer son roadster Pierce-Arrow 48 -B5 de 1919, équipé de phares de Rolls Royce (1644 31st Street NW).

LA SALLE PEABODY

Georgetown Neighborhood Library
3260 R Street NW
• dclibrary.org/georgetown
• Tél. : +1 202-727-0232
• Ouvert lundi et mercredi de 11 h à 19 h, le deuxième et le quatrième
samedi du mois de 9 h 30 à 17 h 30 ; pour une visite à un autre moment,
prendre rendez-vous par téléphone
• Accès : métro Dupont Circle (ligne rouge) puis Metrobus D2 jusqu'à
Glover Park ; ou bien métro Union Station (ligne rouge), ou Rosslyn (lignes
bleue, orange ou grise) puis bus DC Circulator vers Georgetown

L a Peabody Library, fondée dans O Street
en 1875 grâce au legs du financier George
Peabody, était l'ancienne bibliothèque de
Georgetown, avant que ses collections ne soient
transférées, en 1935, dans le nouveau bâtiment,
qui comprend aujourd'hui une salle à son nom.

*Témoins
de la vie de
Georgetown*

Unique en son genre, l'établissement abritait toute une collection d'objets et
d'œuvres d'art, en plus des traditionnels livres, cartes, photos et manuscrits, qui
valurent au premier bibliothécaire le titre de « conservateur ».

Jerry A. McCoy, bibliothécaire des collections spéciales, n'hésite pas à
récupérer les biens culturels du quartier destinés à être jetés pour la Peabody
Room. Le collectionneur invétéré déroba notamment un portail du XIXe siècle et
quelques briques de l'ex-propriété de Yarrow Mamout. Ce dernier, né en Guinée,
sut conserver son nom peul (anglicisé) et sa foi musulmane pendant quarante-
cinq ans de servitude. Affranchi en 1796, il trouva un travail, mit de l'argent de
côté et acheta des actions à la Bank of Columbia ainsi qu'un terrain à Dent Place,
où il vécut jusqu'à sa mort, en 1823, avant d'y être enterré.

Son portrait, peint en 1822 par James Alexander Simpson, premier professeur
d'arts plastiques de Georgetown College, trône au milieu de la Peabody Room.

Jerry A. McCoy, pris d'un mauvais pressentiment, confie que le tableau fait
partie des deux objets qu'il sauverait en priorité en cas d'incendie. Le second
est un volume relié de la Maryland Gazette de 1776, le journal où fut publiée
la Déclaration d'indépendance. Il gardait toujours une échelle de secours à
disposition au cas où il devrait s'enfuir par la fenêtre, un trésor sous chaque bras.

Le 30 avril 2007, alors qu'il travaillait dans son autre bibliothèque, la
Washingtoniana Room, il apprit que l'établissement de Georgetown était en proie
aux flammes. Par chance, les pompiers parvinrent à éteindre le feu avant que la
précieuse collection ne soit entièrement ravagée. Mais l'eau des lances d'incendie
causa, hélas, de sérieux dégâts.

Une nouvelle Peabody Room, conçue par Martinez & Johnson, fut ouverte
en octobre 2010 dans le grenier de la bibliothèque d'origine. Jerry McCoy s'en
réjouit, mais cette amélioration s'est faite au détriment de nombreux documents
endommagés, mis de côté pour le moment en attendant de trouver des fonds
pour les restaurer. La collection, qui comprend notamment des dossiers retraçant
l'histoire de presque toutes les habitations de Georgetown, reste néanmoins
impressionnante et entre de très bonnes mains.

L'ESCALIER DE JARDIN DE LA « FRIENDSHIP ❽ HOUSE »

Allée dans Wisconsin Avenue près de R Street NW
• Accès : métro Farragut North (ligne rouge) puis bus DC Circulator en direction de Georgetown

> *Au milieu de l'allée actuelle, se trouvait autrefois sa piscine …*

Evalyn Walsh McLean. Si elle avait vécu au XXIe siècle, elle serait devenue une pro des médias sociaux ; ses traits d'esprit auraient fusé sur Twitter, on aurait pu voir des vidéos d'elle la clope au bec sur Vine et des photos d'elle et de son dogue allemand avec le légendaire diamant Hope autour du cou sur Instagram.

Jerry McCoy, conservateur de la Peabody Room (cf. page 67), révèle l'existence d'un escalier secret de l'autre côté de l'avenue de la vénérable bibliothèque de quartier, vestige de la dernière résidence de la généreuse héritière mondaine. Au milieu de l'allée actuelle, se trouvait autrefois sa piscine. De nombreuses célébrités de Georgetown, y compris un maire, ont vécu dans cette demeure de 1818, mais aucun d'eux n'a fait couler autant d'encre qu'Evalyn Walsh McLean, qui s'y installa en 1941, après son divorce.

Dans ses mémoires, elle raconte comment sa famille est devenue riche du jour au lendemain suite à la découverte d'une mine d'or dans le Colorado, ce qui leur permit d'emménager dans un hôtel particulier de trois étages à Washington (aujourd'hui l'ambassade d'Indonésie, cf. page 109). Au cours de son enfance privilégiée, elle fit la connaissance du jeune « Neddie » McLean, son futur mari et héritier du Washington Post. Gravement blessée à 19 ans dans un accident de voiture, où son frère Vinson perdit la vie, elle devint accro à la morphine qu'elle prenait comme antidouleur.

Elle épousa Ned en 1908 et ils s'installèrent dans l'immense domaine familial de 70 hectares, baptisé « Friendship », où ils menèrent grand train,

s'amusant et s'enivrant en permanence. D'une générosité infinie, Evalyn recevait à la fois les élites sociales et les soldats infirmes. Elle faisait salon, arborant son énorme diamant, qu'elle faisait passer aux invités pour qu'ils l'essaient. Lorsque la pierre maudite fut

vendue en 1911, les journaux en profitèrent pour revenir en détail sur les différentes tragédies de la famille afin d'illustrer le pouvoir de la «malédiction».

Tandis qu'Evalyn et Ned assistaient au Kentucky Derby, Vinson, leur fils de 9 ans, fut renversé par une voiture, rappelant le destin tragique de son oncle homonyme. Les infidélités de Ned ruinèrent leur mariage; il finit par perdre l'esprit et s'éteignit dans un sanatorium de Baltimore en juillet 1941. En octobre de la même année, leur fille Evalyn épousa R. R. Reynolds, ancien sénateur bien plus âgé qu'elle. Cinq ans plus tard, la jeune Evalyn mourut d'une overdose de somnifères dans la maison de sa mère, qui décéda d'une pneumonie l'année suivante, à l'âge de 60 ans.

LES ÎLOTS ROCHEUX DE LA LÉGENDE DES TROIS SŒURS ⑨

Milieu du fleuve Potomac, 389039°N, 770806°W
• Les îlots peuvent être aperçus distinctement depuis le Key Bridge, reliant Georgetown à Rosslyn (VA), sinon il est possible de les admirer de plus près en louant un kayak, un canoë ou un stand-up paddle au centre nautique Fletcher's Boathouse.
• Accès : métro Rosslyn (lignes bleue, orange ou grise) puis traverser le Key Bridge, ou bus DC Circulator vers Georgetown et Rosslyn

Histoire
d'une malédiction
et mythe fondateur

La légende des Trois sœurs est antérieure à la fondation même de Washington et des États-Unis. Cet ensemble d'îlots rocheux de la rive de Georgetown, qui figure dans les récits fondateurs de la grande confédération des Powhatans, fut mentionné par John Smith en 1607 et apparaissait déjà sur les premiers plans de la ville réalisés par Pierre Charles L'Enfant. À force d'être répétée, cette histoire tragique s'est néanmoins transformée au fil du temps. Seules certaines versions évoquent la malédiction du Potomac, mais toutes s'accordent sur le fait que le fleuve tout-puissant aurait pris la vie de trois personnes avant de les changer en blocs de granite. Dans la prose lyrique et contemporaine de River, Cross my Heart de Breena Clarke, auteur originaire de Washington, les « sœurs » représentent trois nonnes mortes noyées.

Dans la légende algonquine, deux tribus rivales vivaient de part et d'autre du fleuve et les trois sœurs en question étaient les filles d'un kwiocos (chamane). Selon une première version, les jeunes filles sont des anges cherchant à venger leurs fiancés assassinés par leur rival susquehannock sur l'autre rive, et dans une autre, elles tentent de libérer leurs frères, prisonniers de l'autre côté du fleuve. Dans tous les cas, leur projet échoue, mais selon l'une des deux versions, au moment où le vent se déchaîne et où elles sont entraînées par les courants, elles font une dernière prière et décrètent que si elles ne réussissent pas à franchir le fleuve à cet endroit-là, personne d'autre n'y parviendra jamais. Elles disparaissent alors dans un éclair éblouissant et au lever du jour, trois rochers se dressent au milieu des eaux, à l'endroit où elles ont sombré.

D'après le mythe, on peut entendre sonner le glas au niveau du gué maudit juste avant que la prochaine victime ne soit sacrifiée. Bien que les noyades ne semblent pas plus fréquentes à cet endroit du fleuve, on peut toutefois remarquer que toutes les tentatives d'y ériger un pont furent vouées à l'échec, que ce soit celle de Pierre Charles L'Enfant en 1789 ou plus récemment, en 1972, lorsque l'ouragan Agnès emporta la structure inachevée.

En agriculture, le terme « Trois sœurs » fait référence aux trois principales denrées cultivées par les Amérindiens : la courge, le maïs et les haricots. La pièce d'un dollar Sacagawea de 2009, surnommé le « dollar doré », représente ainsi une Amérindienne faisant des semis.

LES TROIS ÎLES DISPARUES DE LA BAIE DE CHESAPEAKE

Dans un affluent de la baie de Chesapeake, la West River, trois petites îles s'étendaient autrefois non loin de Horseshoe Point, terrain de chasse de la tribu conoy. En 1663, en vertu du droit colonial, Edward Parrish colonisa une parcelle marécageuse de 20 hectares sur l'une d'elles. En 1678, il possédait

environ 450 hectares de terrain, qu'il louait à des agriculteurs. Un siècle plus tard, en juillet 1775, le Totness, un énorme brigantin de contrebande transportant du thé d'Angleterre, accosta sur les îles ; les habitants outrés mirent alors feu au vaisseau, en souvenir de la Boston Tea Party de 1773. Au milieu du XIXe siècle, les îles furent englouties sous les eaux de la baie et disparurent à jamais.

LA CULÉE DU PONT-AQUEDUC DE GEORGETOWN ❿

Au-dessus de Water Street/Whitehurst Freeway, près de la fin de
M Street NW
• Accès : métro Farragut North (ligne rouge), ou Rosslyn (lignes bleue,
orange ou grise) ; puis bus DC Circulator vers Georgetown
Il n'y a pas de rambarde sur la culée, donc il vaut mieux éviter de s'y
rendre de nuit

> *Promontoire*
> *au bord du fleuve*

Dans le quartier de Georgetown, une relique de l'activité mercantile du XIXe siècle couverte de graffitis surplombe la rive du fleuve Potomac, reste en pierre de la culée de l'ancien aqueduc d'Alexandria, connu sous le nom d'aqueduc du Potomac. Ce promontoire rocheux multicolore est un palimpseste de souvenirs à moitié effacés, témoin de chagrins d'amours adolescentes comme du talent des graffeurs. Il offre un magnifique point de vue sur l'activité fluviale et les immeubles de l'autre rive (Virginie), et légèrement à l'est se dessinent les arches en béton familières du Key Bridge, dont l'inauguration en 1923 éclipsa le célèbre, mais modeste, aqueduc.

En 1830, les marchands d'Alexandria (qui faisait alors partie du district fédéral, jusqu'à sa rétrocession à l'État de Virginie en 1847) espéraient récolter les fruits du commerce du nouveau Chesapeake and Ohio (C&O) Canal de Georgetown. Le Congrès signa la création de l'Alexandria Canal Company, qui obtint l'ouverture, en 1843, d'un aqueduc au-dessus du fleuve pour que les marchandises soient acheminées directement du C&O Canal au canal d'Alexandria.

Pendant la guerre de Sécession, on assécha la canalisation et le pont fut réquisitionné pour servir de route militaire. En 1866, l'armée se retira et le pont retrouva sa fonction d'aqueduc. Les propriétaires firent bâtir un système de poutres en treillis pour soutenir une route à péage, à la grande consternation des riverains. Des études finirent par montrer que le pont n'était pas assez solide, et on en ferma l'accès en octobre 1886.

L'ingénieur militaire Peter Hains fit transformer l'aqueduc en un pont libre d'accès et remplaça la structure en bois par des barres métalliques, en conservant les piliers d'origine. L'édifice fut inauguré en grande pompe le 11 avril 1888. Au début des années 1900, une ligne de tramway électrique connectait Georgetown à Rosslyn en empruntant le pont. Les citoyens naviguaient avec plaisir sur cette portion du fleuve et louvoyèrent entre les piliers du pont pendant des années, jusqu'à ce que de nouveaux problèmes de sécurité nécessitent la construction du Francis Scott Key Bridge. Bien qu'officiellement fermé depuis le 8 juillet 1918, l'ancien pont continua à se dresser à l'ombre du Key Bridge jusqu'à sa démolition en 1933. Ses piliers en pierre furent cependant maintenus pour protéger la nouvelle construction des blocs de glace. Aujourd'hui, on a conservé l'un des piliers en souvenir

de l'aqueduc, tandis que les sept autres ont été démontés en 1962.

Sur la rive de Georgetown, les deux arches de la culée demeurent également, et l'une d'elles abrite le centre nautique Potomac Rowing Club.

L'ESCALIER DU FILM *L'EXORCISTE* ⓫

Prospect Street et 36th Street NW (haut de l'escalier) ; M Street et Canal
Road NW (bas de l'escalier)
• Accès : Pas de station de métro à proximité, prenez un taxi, combinez
métro et bus ou bien enfilez vos chaussures de marche
• Les stations de métro suivantes sont situées près d'arrêts de bus du
DC Circulator vers Georgetown : Farragut North ou Union Station (ligne
rouge), Foggy Bottom (lignes bleue, orange ou grise), Rosslyn (ligne
orange), dans l'État de Virginie (s'il fait beau, vous pouvez traverser le
Key Bridge à pied au-dessus du Potomac)

*Le grand
saut*

Dans le quartier de Georgetown, juste
au-delà du croisement de Prospect
Street et 36th Street, un escalier étroit
et assez raide descend vers la fin de M Street. Rendu célèbre en 1973 grâce au
film L'Exorciste, cet escalier en pierre surnommé « l'escalier de Hitchcock »
par l'équipe du film servit d'arrière-plan à la scène finale, où le père Karras se
jette par la fenêtre de la chambre de la jeune fille possédée, Regan MacNeil, et
s'écrase quelque cinq étages plus bas.

Contrairement à l'impression donnée par le film, la façade du 3600
Prospect Street utilisée pour le domicile des MacNeil ne jouxte pas l'escalier.
On en fabriqua une réplique en sucre le long de l'escalier, ce qui permit au
cascadeur du père Karras, Charlie Walters, de passer à travers la fenêtre à
deux reprises et de s'effondrer en bas des 75 marches. Si vous regardez la scène
attentivement, vous remarquerez sur chaque marche un tapis en caoutchouc
d'au moins un centimètre d'épaisseur censé amortir la chute.

Aujourd'hui, on voit souvent de jeunes casse-cous juchés sur l'arc en pierre
surplombant le passage vertigineux, et l'escalier défie l'endurance des joggeurs
du quartier. Mais ne vous arrêtez pas là, visitez également les autres lieux de
tournage de ce film couronné par deux Oscars. Allez admirer le superbe pont
Key Bridge et le C&O Canal, entrez dans l'église Holy Trinity où a été tournée
la scène du sermon (3513 N Street NW), visitez le campus de l'université de
Georgetown (37th Street et O Street) pour voir la chapelle Dahlgren profanée
dans le film, ainsi que Healy Hall, où a été filmée la manifestation étudiante.
Pour terminer votre exploration, allez donc boire un verre au Tombs Bar
(1226 36th Street NW).

BESOS ROBADOS

FILM FRANCES EN COLORES   DIRECCION: FRANCOIS TRUFFAUT   CON: JEAN-PIERRE LEAUD

CUBAN POSTER GALLERY

3319 O Street NW
• facebook.com/CubanPosterGallery
• Visites sur rendez-vous uniquement, sauf lors des journées portes ouvertes au printemps et à l'automne
• cubanpostergallery@msn.com
• Accès : métro Rosslyn (lignes bleue, orange ou grise) ou Dupont Circle (ligne rouge), puis bus Circulator

Perles rares d'art graphique cubain

À l'image du quartier historique de La Havane, cette collection exceptionnelle d'affiches politiques et cinématographiques cubaines se trouve dans l'une des dernières rues pavées de Washington. Bill Brubaker, journaliste originaire de Miami, développa ainsi une « grande affinité pour la culture latino-américaine ». Ce grand voyageur acheta sa première affiche de film cubain sérigraphiée dans les années 90, dès que les « documents informatifs » ne furent plus touchés par l'embargo des États-Unis sur les produits d'importation cubaine. Aujourd'hui, son impressionnante collection comprend quelque 2 000 affiches, amassées depuis plus de vingt ans avec sa femme Freddi, et dont les plus anciennes datent des années 60. Le couple espère réussir à vendre ou donner un jour toutes ces œuvres à un musée.

Suite au plan social du Washington Post en 2008, il devint galeriste et se procura des doublons de certaines affiches de la collection (environ un millier) pour les vendre. En 2010, les Brubaker réaménagèrent le rez-de-jardin de leur demeure de Georgetown pour y installer la Cuban Poster Gallery, visitable uniquement sur rendez-vous, et exposer leurs affiches à tirage limité réalisées par l'ICAIC, l'Institut du film cubain, ainsi que des affiches politiques et de propagande imprimées en offset par l'OSPAAAL, l'Organisation de solidarité avec les populations d'Afrique, d'Asie et d'Amérique latine.

Depuis 1959, l'ICAIC produit des affiches en édition limitée pour tous les films qui sortent sur l'île, qu'ils soient cubains ou étrangers. Il recrute à cette fin des graphistes cubains, chargés de voir les films puis de dessiner les affiches qui seront ensuite sérigraphiées à la main. « C'était un projet d'ordre esthétique, mais également très patriotique, l'envie de faire leurs propres affiches », explique Brubaker au sujet de l'ICAIC. Ces superbes affiches ne sont pas de simples publicités destinées à remplir les salles, ce sont de véritables œuvres d'art. Avec son col de chemise relevé et ses cigares Partagás, Guayabera, le vampire « à l'air avenant » de l'affiche du film d'animation Vampiros en La Habana, est le personnage qui amuse le plus le collectionneur. Il ajoute : « C'est sans doute le seul endroit au monde à part Cuba où l'on peut admirer autant d'œuvres de graphistes cubains. »

> Sur le tronçon d'O Street compris entre Wisconsin Avenue et 35th Street, l'on peut voir, incrustés dans les pavés, les vestiges du système d'alimentation souterraine de la ligne de tramway électrique n° 20, qui desservait le quartier de Georgetown.

À PROXIMITÉ

LA GRANDE VAGUE
À quelques centaines de mètres, une gigantesque vague orne la façade d'une maison mitoyenne, au coin d'O Street et de 35th Street. Réalisée par un artiste de talent, John McConnell, dans de subtiles nuances de bleu, l'œuvre n'est autre qu'une reproduction de la célèbre gravure sur bois du XIXe siècle de Hokusai, La Grande Vague de Kanagawa.

LA GRILLE EN CANONS DE FUSIL DE REUBEN DAW

28th et P Streets NW
• Accès : métro Dupont Circle (ligne rouge), puis bus G2 (Westbound) jusqu'à Georgetown University

Plutôt que de se débarrasser de la kyrielle de fusils qui lui restaient, l'armurier et serrurier du XIXe siècle Reuben Daw eut l'idée ingénieuse de s'en servir comme barreaux pour la grille de ses propriétés de Georgetown. Né en Angleterre en 1808,

> *Offrir aux armes une nouvelle vie*

Reuben grandit à Georgetown et épousa la veuve de son frère, Elizabeth, à l'âge de 25 ans. Son entreprise de Bridge Street (aujourd'hui M Street) fonctionnait si bien et il possédait tant de biens immobiliers, qu'il fut en mesure d'offrir une propriété à chacun de ses 6 enfants à leur majorité.

Son domicile est répertorié dans un annuaire de 1834 à l'adresse « South side of Bridge », qui correspond peut-être à l'emplacement de la Old Stone House, l'une des plus anciennes maisons de Washington, dont on sait qu'elle appartenait à la famille Daw. Georgetown fut une municipalité indépendante pendant la majeure partie de sa vie, avant son intégration au district fédéral en 1871. Quatre ans après sa mort, en 1895, on changea le nom des rues de son cher bourg selon les conventions du quartier nord-ouest. Outre sa demeure de Bridge Street, il possédait également des biens dans Water Street, West Street, Green Street et Montgomery Street (respectivement K Street, P Street, 29th Street et 28th Street). Un article publié dans l'Evening Star le 23 mai 1853 mentionne la construction d'une propriété de la famille Daw dans « Green Street près de West Street » ; c'est là qu'il installa la fameuse grille.

Le Mining History Journal livre plusieurs versions contradictoires quant à l'origine des armes. D'aucuns racontent que le vieux « Rube » Daw reçut les pièces d'artillerie de la batterie en récompense du financement de la défense de la capitale lors de la guerre de 1812, ce qui est peu probable vu qu'il avait alors 4 ans. Selon une histoire plus plausible, il aurait acheté aux enchères toute une série de fusils à chargement par la culasse de la guerre du Mexique, supplantés par des armes à chargement par la bouche. Le marchand rusé en aurait alors revendu quelques-uns et utilisé ceux qui ne fonctionnaient plus pour sécuriser l'accès à sa propriété. Une fois la crosse et la gâchette des armes démontées, il bâtit la grille à la main à partir des canons ; seuls les poinçons en haut de la grille ne sont pas de lui.

AUTRES PIÈCES D'ARTILLERIE RECYCLÉES

Outre les sentinelles au coin de P Street et de 28th Street, le quartier abrite d'autres pièces d'artillerie recyclées aux numéros 1516 et 1518 de 28th Street NW, devant les anciennes demeures de ses filles Marion et Nannie.

CIMETIÈRE DU MONT SION

27 th et Q Street NW
- Tél. : +1 202-234-0148 (téléphoner à l'église avant votre visite)
- Ouvert pendant la journée
- Accès : métro Dupont Circle (ligne rouge), puis marcher environ 800 mètres

Une nécropole oubliée

Juste derrière le domaine parfaitement entretenu du musée Dumbarton House se trouve le siège de la National Society of the Colonial Dames of America, et de l'autre côté de la barrière du grand cimetière d'Oak Hill, où sont enterrés nombre de citoyens éminents, l'image de ce cimetière délabré offre un contraste saisissant. À moitié cachées derrière deux immeubles de Q Street, les stèles en ruine de ces personnes tombées dans l'oubli nous rappellent la présence historique de minorités afro-américaines dans le quartier de Georgetown.

En 1808, l'église Montgomery Street Church (aujourd'hui Dumbarton United Methodist) fit l'acquisition d'un terrain pour l'ancien cimetière méthodiste. La congrégation était composée à la fois d'esclaves, de Noirs libres et de Blancs. Malgré cette diversité, les Noirs étaient relégués aux bancs du balcon et l'unique registre qui nous reste du cimetière d'origine indique que 75 % de la parcelle étaient réservés aux Blancs et que le reste servait principalement à enterrer les esclaves. Dès 1814, un groupe de fidèles noirs mécontents de ces inégalités fonda une congrégation séparée sous les auspices de la paroisse mère. Ils achetèrent un terrain en 1816 et y firent bâtir un temple, qui deviendra la Mt. Zion Methodist Episcopal Church.

Une association d'aide mutuelle aux femmes noires libres, la Female Union Band Society, se forma en 1842 et racheta la partie ouest du cimetière afin d'enterrer ses membres décemment. À côté de ce modeste terrain, le cimetière pour Blancs d'Oak Hill fut inauguré en 1849 et l'on y transféra les tombes des Blancs inhumés dans l'ancien cimetière méthodiste. Mais il tomba progressivement en désuétude et le dernier Blanc à y être enterré fut, d'après les registres, un enfant inconnu en 1869.

En 1879, la Mt. Zion Church contracta, pour la somme symbolique d'un dollar, un bail de 99 ans pour la zone est vacante du cimetière de l'église Dumbarton Church. Ces différentes parcelles, réunies désormais sous le nom de cimetière du mont Sion, ont été parfaitement entretenues à la fin du XIXe et au début du XXe siècle et étaient au centre de l'activité paroissiale, en particulier lors des célébrations du Memorial Day, quand les jeunes vendaient des fleurs, de l'eau et de la limonade à l'entrée.

Mais tout n'était pas rose pour autant et l'on note plusieurs cas de vandalisme, comme ces pilleurs de tombes et ces « night doctors », qui vendaient les cadavres à la faculté de médecine. Les stèles en bois des pauvres et des esclaves se décomposaient, et l'érosion du sol à certains endroits ainsi que la végétation envahissante compromettaient la sécurité du lieu. Mary Logan Jennings, de la Female Union Band Society, fut la dernière à y être enterrée, en 1950, avant que l'on n'interdise l'utilisation du cimetière pour cause de non-respect des normes sanitaires. Le petit cimetière fut laissé à

l'abandon au milieu d'un quartier en voie de gentrification, en proie à des conflits de propriété.

En 1975, Vincent deForest, président de l'Afro-American Bicentennial Corporation, mena une étude historique approfondie du cimetière, qui se retrouva inscrit au registre du patrimoine des États-Unis et classé monument historique. Depuis lors, le site a perdu son éclat d'origine et gît de nouveau dans un état de délabrement avancé ; les tombes fissurées se sont écroulées et le sol sanctifié n'est plus qu'un vaste ossuaire anonyme.

La Société de préservation du patrimoine de Georgetown œuvre actuellement à la restauration du lieu, avec l'aide des Églises de Dumbarton et Mt. Zion.

UNE CACHETTE SUR LA ROUTE DU CHEMIN DE FER CLANDESTIN

Selon une rumeur populaire, le petit caveau en briques où les corps étaient conservés avant leur inhumation aurait également servi de refuge à des vivants. Des esclaves en fuite auraient ainsi attendu, dans un abri morbide, que la voie soit libre à Rock Creek pour descendre la colline. De là, ils auraient continué vers le nord pour rejoindre la ligne de démarcation Mason-Dixon et gagner la liberté. Bien que cette affirmation n'ait pu être confirmée, des récits d'esclaves nous informent que Georgetown était bel et bien sur la route du chemin de fer clandestin.

BORNE D'APPEL POMPIERS
DE SHERIDAN-KALORAMA

⑮

Decatur Place et 22nd Street NW
• sheridankaloramacallbox.org
• Accès : métro Dupont Circle (ligne rouge)

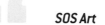

SOS Art

Dans les années 2000, l'Office de tourisme de Washington entreprit de redonner vie aux anciennes bornes d'appel police et pompiers de la ville datant de 1860, vestiges d'une époque où le numéro d'appel d'urgence 911 n'existait pas encore. Le projet, « Art on Call », fit appel à des artistes pour restaurer, dans différents quartiers, la beauté de ces reliques patinées et souvent vandalisées.

Les habitants de Sheridan-Kalorama approuvèrent l'initiative, et commencèrent à réhabiliter en 2003 les 16 bornes d'appel de leur secteur, créant à chaque fois un « mini-musée » qui retrace l'histoire du quartier au moyen d'œuvres d'art. On peut en voir un exemple dans un recoin paisible, non loin du trafic incessant de Dupont Circle. Rénové et transformé par l'artiste Michael K. Ross, c'est un parfait hommage à la fonction initiale de la borne d'appel pompiers.

En cas d'incendie, il nous suffit aujourd'hui de composer le 911 pour prévenir les pompiers, mais n'oublions pas que ce service n'existe que depuis cinquante ans à peine. Avant cela, on pouvait contacter les secours en cas d'urgence à l'aide de ces sentinelles éclairées, réparties dans les différents quartiers de la ville (bornes au fronton triangulaire pour les pompiers et aux bords arrondis pour la police).

L'œuvre de Ross représente une voiture de pompiers du début du siècle tirée par des chevaux, lancée à toute allure pour aller éteindre un incendie.

À cette époque, actionner le levier de la borne permettait de transmettre par téléscripteur aux services de police ou de pompiers un signal d'alarme indiquant le numéro de la borne, pour que les secours puissent être envoyés à l'endroit en question. Ross réalisa également les neuf sculptures en bronze des bornes d'appel pompiers du quartier de Mount Pleasant.

Art on Call est désormais sous la responsabilité du Comité des arts et des sciences humaines et du ministère des Transports de Washington.

FOURS À CHAUX DE WILLIAM H. GODEY

Croisement de Rock Creek Parkway et Whitehurst Freeway au niveau de
27th Street et de L Street (NW)
• Accès : Foggy Bottom (ligne rouge)

Vestiges du passé industriel de la capitale

À la périphérie du quartier de Foggy Bottom, on peut apercevoir les ruines des fours à chaux de William H. Godey au milieu de l'enchevêtrement d'autoroutes entre Rock Creek Parkway et Whitehurst Freeway. Envahis par la végétation depuis des années, ces fours de près de 6 mètres de haut, qui servirent à la fabrication de chaux pendant un demi-siècle, sont les vestiges de l'activité commerciale du XIXe siècle.

En 1864 survint la bataille de Fort Stevens, seul combat de la guerre de Sécession livré sur le territoire de Washington, ainsi que la création du cimetière national d'Arlington et le transfert de l'entreprise de chaux de William H. Godey et John A. Rheim au coin de 27th Street et de L Street. Godey et Rheim durent déménager leurs fours afin de faire face au besoin croissant de chaux vive, dérivé du calcaire employé comme liant dans l'industrie. Ils s'installèrent sur la rive est de Rock Creek, à l'embouchure du C & O Canal, un emplacement idéal permettant d'être approvisionné en calcaire par bateau. Les blocs étaient alors déchargés à quelques mètres des fours, où ils étaient ensuite calcinés pour former de l'oxyde de calcium (la chaux), utilisé dans le bâtiment comme matériau de construction.

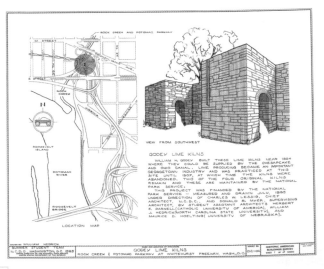

Lorsque Godey mourut en 1873, son fils Edward, encore adolescent, reprit les rênes de l'entreprise, qu'il baptisa Washington Lime Kilns. À sa grande fierté, 25 employés alimentaient en permanence les fours à bois, qui traitaient une cargaison de calcaire en trois jours.

Une sévère inondation du C & O Canal dévasta le chantier en mai 1889 et, en décembre de la même année, Edward décéda au sanatorium Matley Hill de Baltimore à l'âge de 33 ans, selon son acte de décès. Les fours fonctionnèrent jusqu'à ce que leur nouveau propriétaire, John Dodson, arrête la production en 1908.

Laissés à l'abandon, seuls deux fours à demi écroulés furent mis au jour en 1965. Ils ont été consolidés et rappellent aujourd'hui le passé industriel de la région aux passants.

FOGGY BOTTOM

Le quartier doit son nom à sa naissance dans une zone marécageuse de basse altitude envahie à la fois par le brouillard et la fumée des industries voisines. Situé entre autres à proximité des fours à chaux de Godey, de l'usine à gaz et de la brasserie Heurich, le quartier attira de nombreux travailleurs immigrés allemands, irlandais et italiens ainsi que des esclaves affranchis depuis peu.

SALLES D'APPARAT DU DÉPARTEMENT D'ÉTAT 🔟

US Department of State
2201 C Street NW
receptiontours.state.gov
• Tél. : +1 202-647-3241
• Ouvert du lundi au vendredi, visites de 45 minutes à 9 h 30, 10 h 30 et 14 h 45 ; réservation obligatoire par téléphone ou sur le site Internet 90 jours avant
• Déconseillé aux enfants de moins de 12 ans
• Fauteuils roulants et interprétation en langue des signes américaine disponibles sur réservation
• Entrée gratuite ; les salles sont financées exclusivement par des donateurs, si vous souhaitez faire des dons déductibles d'impôts, adressez-vous au département d'État des États-Unis

Les beaux atours de la diplomatie

Parmi les 42 salles richement meublées du département d'État des États-Unis dédiées aux réceptions diplomatiques, 8 font aujourd'hui l'objet d'une visite guidée trois fois par jour, à moins qu'elles n'aient été réservées par des dignitaires de passage. Les affaires diplomatiques passent bien entendu avant les intérêts du public.

Les salles sont presque intégralement ornées de meubles de facture américaine et attestent de la ténacité et du goût raffiné de Clement E. Conger. Le chef du protocole du département d'État sous Eisenhower suggéra de consacrer un ensemble de salles du nouveau bâtiment aux activités diplomatiques. Lorsqu'il découvrit les pièces qui avaient été allouées, il fut horrifié par leurs gigantesques baies vitrées, leurs poutres en métal apparentes, leur moquette et leur plafond insonorisé, qui lui rappelaient un motel des années 50, et il se lança dans un projet de réaménagement, qui durera trente ans. Il sollicita inlassablement des dons de mobilier et d'objets historiques, tout en essayant de lever des fonds pour la rénovation des pièces, jamais financée à l'aide des impôts sur le revenu. Depuis la fin des travaux en 1989, les salles remplissent leur noble fonction et accueillent les réunions diplomatiques internationales. Madeleine Albright, ancienne secrétaire d'État, déclara à propos du salon d'État John Quincy Adams : « Quoi de mieux pour inciter une partie intransigeante à conclure la paix que de lui montrer le secrétaire où Benjamin Franklin a signé le traité de Paris ? »

Un guide particulièrement cultivé vous montrera différentes pièces avant de terminer la visite par la somptueuse salle à manger d'État Benjamin Franklin. Nommée ainsi en hommage au « père du Service extérieur des États-Unis », c'est la plus grande salle de réception du bâtiment et son lutrin mérite bien une photo.

La salle Thomas Jefferson, en l'honneur du premier secrétaire d'État américain, avec ses portes à fronton triangulaire, son mobilier de style Chippendale et son écritoire de voyage, est l'une des préférées d'Hillary Clinton, ancienne secrétaire d'État.

« NE SUIS-JE PAS UN HOMME ET UN FRÈRE ? »

Thomas Jefferson possédait des centaines d'esclaves ainsi que trois œuvres en camée de Wedgwood représentant Cupidon et Psyché. Trois médaillons abolitionnistes de Wedgwood portant l'inscription « Ne suis-je pas un homme et un frère ? » et ornés d'un esclave noir enchaîné à genoux dans une posture implorante ont été ajoutés récemment dans la salle qui l'honore. Ô douce ironie.

SYMBOLISME INITIATIQUE ET ÉSOTÉRIQUE DU GRAND SCEAU DES ÉTATS-UNIS

Les symboles du Grand Sceau des États-Unis d'Amérique (approuvé en 1782 et devenu son blason en 1790) trouvent leurs origines dans la franc-maçonnerie, via quelques maçons célèbres (Benjamin Franklin, Thomas Jefferson, William Churchill Houston et William Barton) qui ont participé à son élaboration.

Sur le sceau, un halo doré illumine un nuage et entoure une constellation de treize étoiles argentées sur fond bleu, au-dessus d'un aigle à tête blanche, ailes déployées, tenant un rameau d'olivier dans sa patte droite et treize flèches dans sa patte gauche. Dans son bec, un ruban comporte la citation latine E pluribus unum (« Un à partir de plusieurs »), évocation de l'unité nationale représentée par les treize étoiles symbolisant les treize États originaux de l'Union.

Ce halo de gloire représente le Grand Architecte de l'Univers bénissant et protégeant les Etats-Unis, raison pour laquelle on peut dessiner une parfaite étoile à six branches (hexagramme) en suivant la disposition des treize étoiles, cette forme géométrique symbolisant la Divinité Suprême de tous les peuples et de toutes les religions. Apposé au centre de l'aigle se trouve un bouclier doté de treize pals alternant l'argent et le rouge, surplombés d'une bande principale bleue. Ils sont l'allégorie des treize États originaux, matérialisés sur terre après avoir été projetés depuis les étoiles, allusion voilée au thème biblique de la « Jérusalem céleste et Jérusalem terrestre », dans le sens de Paradis céleste et Paradis terrestre, puisque la croyance initiale considérait l'Amérique du Nord comme la Terre promise, la Nouvelle Jérusalem des mouvements charismatiques, mais également maçonniques. Pour cette raison, l'aigle impérial n'évoque pas seulement l'ancien Empire romain, mais aussi et surtout l'aigle Kadosh des « parfaits » (en hébreu), des véritables Illuminés Spirituels (Illuminatis) que les anciennes traditions cabalistiques représentaient par un aigle, symbole du soleil dont les rayons sont d'ailleurs saisis par la patte gauche, tandis que la droite et son rameau d'olivier expriment la Paix des Justes.

Les couleurs du bouclier apposé sur la poitrine de l'aigle évoquent les vertus cardinales que tout maçon doit posséder et transmettre à l'humanité : le rouge de Mars exprime la valeur, le blanc de la Lune révèle la pureté, et le bleu de Vénus représente la justice. En cabale phonétique, la valeur de ces couleurs est 103, ce qui correspond à la phrase hébraïque Ehben Ha-Adam (« la Pierre d'Adam »), suggérant l'Ashlar parfait, c'est-à-dire la Pierre Cubique du Maître Maçon, symbole de sa perfection spirituelle. 103 est également la valeur du substantif Bonain, terme rabbinique signifiant le « constructeur », le Maître Maçon.

Sur le verso du Grand Sceau se trouve une pyramide dont le sommet est coupé de manière à figurer un triangle avec l'œil de la Divine Providence en son centre, entouré d'une auréole dorée. Au-dessus, la locution latine Annuit Coeptis, « Il (Dieu) nous favorise », et en dessous, une autre citation: Novus Ordo Seclorum, « le Nouvel Ordre des Siècles ». Allégorie de la force et de la pérennité, la pyramide évoque tout autant la Tradition Initiatique de l'Occident que la Montagne de l'Initiation que tout Initié doit gravir, avec régularité, jusqu'à une confrontation avec Dieu à son sommet, cette rencontre visant à s'unir à Lui (représenté par l'œil splendide).

Symbole hérité des chrétiens primitifs d'Alexandrie et de l'œil d'Horus de l'Égypte antique, il s'explique par le fait que les maçons nord-américains étaient à l'origine chrétiens (catholiques, luthériens ou calvinistes).

La première apparition de l'œil de la Divine Providence dans l'iconographie maçonnique remonte à 1797, avec la publication de Freemasons Monitor, de Thomas Smith Webb, comme façon de rappeler à tous les maçons que leurs pensées, sentiments et actes sont en permanence observés par Dieu, le Grand Architecte de l'Univers. Ce symbole est demeuré dans les milieux maçonniques l'expression de la Divinité Absolue, raison d'être de la phrase Annuit Coeptis, qui attribue à Dieu la faveur de la fondation des États-Unis d'Amérique selon la mystique nationale : cette locution est tirée du livre IX de l'Énéide de Virgile, au moment où Ascagne, fils d'Énée, prie le Père des Dieux, le « puissant Jupiter, pour favoriser son entreprise ».

Issue de la Quatrième Églogue des Bucoliques de Virgile, l'expression Novus Ordo Seclorum était interprétée par les chrétiens médiévaux comme une prophétie de la venue du Christ pour inaugurer un nouvel Âge d'Or sur le monde. C'est Charles Thomson qui proposa d'utiliser cette expression en 1782 pour souligner « le début de la Nouvelle Ère américaine » à partir de la date de la Déclaration d'Indépendance des États-Unis (1776).

A partir de 1935, cette allégorie initiatique du verso du Grand Sceau figura aussi sur celui des billets d'un dollar, une décision approuvée par le Président Franklin Delano Roosevelt, un éminent franc-maçon.

Selon les cabalistes adeptes de la gématrie, l'ensemble allégorique de toutes ces figures possède la valeur cabalistique 273, qui est celle de la sentence hébraïque Ehben Mosu Habnim (« la pierre que le constructeur a refusée »), référence à la clé perdue des Mystères Initiatiques. Cette phrase en hébreu est bien connue de tous les maçons du Rite d'York ou de l'Arche Royale, communément appelé Rite américain. Cette valeur de 273 est également celle d'Hiram Abiff, l'architecte du Temple de Salomon, personnage principal de la légende issue du rituel du troisième grade de la maçonnerie.

Le chiffre 13 se retrouve largement sur les deux faces du Grand Sceau : il reflète le sens de la mort profane et sociale qui permet la résurrection spirituelle et avec celle-ci, la résurgence d'une nouvelle société humaine, juste et parfaite, qui serait unique parmi les nombreuses sociétés existantes (E pluribus unum), ce qui sous-entend la Synarchie (la Concorde Universelle), l'un des principaux motifs occultes de la fondation des Etats-Unis, un principe désormais tombé dans l'oubli.

NORD-OUEST 2

BORNE FRONTIÈRE NE 2

Maple Street et Carroll Street, Takoma Park
• Accès · métro Takoma (ligne rouge)

Accrochez-vous, car on s'y perd un peu. L'adresse de la borne du côté de l'État du Maryland est 7100 Maple Avenue. En revanche, du côté de Washington D.C., l'adresse est 6980 Maple Street NW, ce qui est plutôt surprenant vu qu'il s'agit de la deuxième borne-frontière nord-est de la ville fédérale d'origine, avant que North Capitol Street ne

Un des premiers monuments fédéraux

devienne la frontière entre les quartiers est et ouest. Les rues du quartier de Takoma (DC) se transforment en avenues dans la ville voisine de Takoma Park (MD); Maple Street et Carroll Street du district de Columbia deviennent donc Maple Avenue et Carroll Avenue de l'autre côté de la frontière.

Les informations gravées sur la pierre, elles, sont déjà plus claires. Parmi les 40 bornes délimitant les frontières initiales de la ville, c'est en effet l'une des rares à être encore déchiffrable. Comme toutes les bornes, sa face côté Washington porte l'inscription « Juridiction des États-Unis ». Sur la face opposée, on peut lire « Maryland » (les bornes de Virginie fonctionnent de la même manière). Sur la troisième et la quatrième face sont gravées l'année de son implantation et sa déclinaison magnétique.

En 1791, le président George Washington fit une déclaration pour fixer les limites du « district du siège permanent du gouvernement ». Le 15 avril 1791, la borne sud fut posée en grande pompe à Jones Point (cf. page 253). Toutes les bornes de Virginie furent installées en 1791, celles du Maryland, en 1792. Disposées à 1 mile d'intervalle (1,6 kilomètre) tout au long du périmètre d'un carré de 10 miles de côté (avec des pierres plus grandes aux extrémités nord, sud, est et ouest), ces bornes sont les premiers monuments fédéraux américains.

En 1846, les 85 kilomètres carrés de terre qui avaient été cédés par le Commonwealth pour former le district de Columbia abolitionniste furent rétrocédés à l'État esclavagiste de Virginie. Quatorze bornes délimitant à l'origine les frontières nord-ouest et sud-ouest se trouvent ainsi dans les villes d'Alexandria, Arlington et Falls Church, dans l'État de Virginie.

En 1915, la société Les Filles de la Révolution américaine fit poser des clôtures autour des pierres pour les protéger, mais rien ne peut arrêter les ravages du temps et si certaines de ces bornes en grès d'Aquia Creek ont bien tenu le coup, d'autres sont complètement érodées.

À égale distance du métro Takoma et de la statue en bronze du coq qui se pavanait autrefois dans le quartier (cf. page 227), la borne est à deux pas des boutiques et des restaurants du centre pittoresque de Takoma.

LE MÉMORIAL DE LA FAMILLE ADAMS

Rock Creek Cemetery, Section E, Lot 16
201 Allison Street NW
• stpaulsrockcreek.org/cemetery • Tél. : +1 202-726-2080
• Ouvert tous les jours de 8 h à 19 h ; le bureau est ouvert du lundi au
vendredi de 9 h à 17 h, sauf les jours fériés
• Accès : métro Fort Totten (lignes rouge, verte ou jaune) puis prendre un
taxi ou le Metrobus n° 60 jusqu'au cimetière

Le Mystère de l'au-delà

Dans une allée du plus ancien cimetière de la ville (ouvert depuis 1719), légèrement vallonné, une rangée d'ifs touffus borde la tombe monumentale de la famille Adams, qui ne porte aucune plaque. Mme Marian Adams, photographe de talent, mit fin à ses jours le 6 décembre 1884 en ingérant le contenu d'une fiole de cyanure de potassium, qu'elle utilisait pour faire ses tirages. Marian, dite «Trèfle», faisait partie du joyeux cercle The Five of Hearts aux côtés de son mari Henry, membre de l'illustre famille Adams, de John et Clara Hay, ainsi que de Clarence King, nec plus ultra de la haute société de Washington. Son suicide fut un véritable choc pour la ville.

M. Adams la fit enterrer sous une simple pierre tombale, en attendant de trouver le mémorial qui lui conviendrait. Quelques années plus tard, il demanda à son ami Augustus Saint-Gaudens, sculpteur renommé, de réaliser une œuvre en l'honneur de sa femme décédée, non pas à son effigie, mais sous forme d'un personnage allégorique inspiré de la beauté et de l'équilibre des statues japonaises qu'il avait aperçues lors de ses voyages. L'individu en bronze de sexe indéfini, drapé dans un linceul et assis dans une attitude paisible, est souvent considéré comme le chef-d'œuvre de Saint-Gaudens. L'architecte Stanford White dessina ensuite le caveau hexagonal, avec une élégante exèdre en face de la sculpture, réservée à la contemplation. Aucune épitaphe ne vient briser l'harmonie de l'ensemble.

Bien que l'artiste ait intitulé son œuvre Le Mystère de l'au-delà, le mémorial est souvent désigné par le terme « Grief » (chagrin), au grand dam de Henry. En 1908, il se plaignit dans une lettre au fils du sculpteur : « Empêchez-les donc de donner un nom à ma statue ! Tous les journalistes veulent lui coller une étiquette, comme un vulgaire médicament mais sur ordonnance : Chagrin, Désespoir, Savon Pears ou Costumes Macy's faits sur mesure. »

En 1918, Henry y fut inhumé à son tour. Le massif d'ifs soigneusement sculptés qui entoure depuis peu le monument ajoute encore une touche mystérieuse au personnage énigmatique.

Le Hay-Adams Hotel, réputé hanté par le fantôme de Mme Adams (à cause des pleurs et des bruits de pas entendus, ainsi que d'une légère odeur d'amande), se dresse à l'emplacement des anciennes demeures familiales des Hay et des Adams, à Lafayette Square.

Ce n'est qu'au moment de sa mort, en 1901, que Clarence King avoua à sa compagne noire, Ada Copeland, le secret étonnant de sa double vie. Ce blond aux yeux bleus, qui éleva 5 enfants avec Ada, se faisait passer pour un porteur noir des chemins de fer, sous le pseudonyme de James Todd. Sous prétexte de son « travail » à la gare, l'éminent géologue s'absentait souvent et reprenait alors sa véritable identité. John Hay rendit hommage à son confrère « Cœur » en subvenant aux besoins de sa famille.

LE COMMISSARIAT DE POLICE HISTORIQUE ❸ DE LA 10ᵉ CIRCONSCRIPTION

MPD Fourth District Substation
750 Park Road NW
• mpdc.dc.gov/page/welcome-fourth-district
• Tél. : +1 202-576-8222
• Accès : métro Georgia Avenue/Petworth (ligne verte)

> **Houdini a été détenu ici ... pendant moins de 20 minutes**

Le 1er janvier 1906, alors que tout Washington célébrait le Nouvel An, le célèbre prestidigitateur Harry Houdini réussit à s'évader de la prison la plus sécurisée de la ville. De passage dans la capitale pour un spectacle au Chase Theater, Houdini fut mis au défi par le chef de la police, Richard Sylvester, de s'échapper du nouveau commissariat de la 10ᵉ circonscription, au système de sécurité réputé infaillible.

Comme à son habitude, le « Roi de l'évasion » demanda à voir la cellule et les menottes qu'on lui réservait avant de tenter sa chance. Le fourbe Sylvester fit mine d'y consentir puis changea les serrures au dernier moment. Houdini retira ses vêtements puis fut enchaîné avec 5 cadenas dans la cellule n° 3, tandis que ses vêtements étaient enfermés dans une autre cellule. Sans se démonter, il réussit à se libérer de ses chaînes et à récupérer ses vêtements, s'habilla et se présenta devant Sylvester et les gardiens médusés, au bout de 18 minutes.

Il raconta quelques jours plus tard dans les journaux l'agressivité qu'avait

manifestée le personnel de police à son égard. Alors qu'il avait réussi à s'échapper des geôles de Scotland Yard et de la caisse en métal utilisée pour transporter des détenus de Moscou à la Sibérie, il se plaignit avec dépit d'avoir été traité à Washington « comme un vulgaire malfaiteur ».

Dans l'esprit du mouvement City Beautiful, ce bel édifice en briques et faïence s'impose avec autorité tout en s'intégrant harmonieusement dans l'enfilade de maisons. Des motifs géométriques en losange s'étendent sous une élégante corniche. Un œil-de-bœuf surmonte un cartouche richement orné, dans lequel est fièrement écrit en relief : « 10 th PRECINCT POLICE STATION ».

La majestueuse bâtisse en briques abrite aujourd'hui l'antenne du 4e district du Metropolitan Police Department. Mais rangez votre appareil, les photos ne sont guère appréciées.

Le légendaire « Roi des menottes » fit de nouveau parler de lui le 6 janvier 1906, en s'échappant du « Couloir des meurtriers » de la prison de 19th Street à Washington, un bâtiment aujourd'hui démoli. Il réussit à sortir en 2 minutes. Et pour mieux humilier les forces de police, il joua aux « chaises musicales » avec les détenus, en ouvrant leurs cellules et en les faisant changer de place.

INSTITUT CULTUREL MEXICAIN

2829 16th Street NW
- instituteofmexicodc.org
- Tél. : +1 202-728-1628
- Entrée gratuite
- Ouvert du lundi au vendredi de 10 h à 18 h, samedi de 12 h à 16 h (pendant les expositions)
- Accès : métro Columbia Heights (ligne verte)

*Culture
cachée*

L'Institut culturel mexicain abrite non seulement une collection exceptionnelle d'art mexicain, comprenant notamment ce magnifique autel du Día de los muertos, mais l'on trouve aussi dans cette spacieuse demeure de style beaux-arts des influences esthétiques très diverses. Sur les murs du grand escalier en chêne sculpté, une fresque chatoyante retrace l'histoire du Mexique, de l'Antiquité à nos jours. Dans une somptueuse salle de musique inspirée par le château de Fontainebleau, on aperçoit un orgue majestueux. Des céramiques bleu et blanc de Puebla ornent la véranda inondée de soleil et une bibliothèque de 1909 inaltérée occupe tout le deuxième étage.

Lorsque sa femme Emily s'éteignit en 1916, l'ancien secrétaire du Trésor Franklin MacVeagh quitta le domicile luxueux qu'elle lui avait fait construire en cadeau par le célèbre architecte Nathan C. Wyeth. En 1921, le veuf vendit la propriété au gouvernement mexicain pour en faire une ambassade, sous réserve que l'intérieur reste à l'identique jusqu'à sa mort. Bien avant son décès en 1934, l'on chargea Roberto Cueva Del Río, le protégé de Diego Rivera, de peindre une fresque dans l'escalier reflétant l'histoire et la culture mexicaines avant et après la colonisation. À la place du portrait du conquistador espagnol Hernán Cortés initialement prévu, c'est la silhouette émouvante de Christophe Colomb qui surveille la fondation de la capitale de l'empire aztèque, Tenochtitlán.

Des tuiles peintes à la mexicaine ornent à présent les murs nus de la véranda en briques apparentes. Les volcans légendaires Popocatépetl et Iztaccíhuatl se dressent en haut d'un mur et les armoiries de chaque État du Mexique bordent la pièce, éclairée par quatre fenêtres à claire-voie.

L'influence des MacVeagh reste perceptible dans la bibliothèque, avec ses volumes reliés en cuir, son plafond à caissons, ses boiseries et ses superbes tapisseries. Le salon de musique a également conservé sa première splendeur et l'on peut y admirer ses voûtes en berceau, une cheminée elliptique ornementée, un vitrail circulaire et un orgue Aeolian peint à la main. Construit pour Emily MacVeagh en 1910 pour 15 000 $, c'est l'un des derniers orgues d'appartement de la région.

Transformé en institut culturel depuis 1990, ce lieu insolite enchante les visiteurs, loin du quartier des musées de Washington.

MUR D'ENCEINTE DE BOUNDARY CASTLE **⑤**

16 th Street et Florida Avenue NW
- www.nps.gov/mehi
- Accès : métro Columbia Heights (lignes verte ou jaune)

À la sortie de Meridian Hill Park du côté de la sublime fontaine en cascade, sur le trottoir opposé de 16th Street, un majestueux mur en pierre entoure un ensemble de propriétés des années 70, vestige de la splendeur du Gilded Age. Au coin de

> *Vestige de l'opulence des Henderson*

Florida Avenue, on aperçoit deux tours crénelées reliées par une courtine, qui servaient autrefois d'entrée à Boundary Castle. Perchée sur la colline, la résidence de l'ancien sénateur John Brooks Henderson et de sa femme suffragette Mary (née Foote) tient son nom de Boundary Road (aujourd'hui Florida Avenue), qui marquait alors la frontière de Washington.

Conscients du potentiel du terrain situé à la limite nord de la ville, les époux Henderson achetèrent de nombreuses parcelles pour y faire construire des hôtels particuliers, à commencer par leur opulent « château », bâti en 1887 en pierres rouges de Seneca. Ils louèrent leurs propriétés principalement à des légations étrangères, dans l'idée de former un nouveau « quartier des ambassadeurs ». Tous les membres de la haute société de Washington rêvaient d'être un jour introduits à l'élégant Boundary Castle.

La grande dame nourrit alors un projet plus ambitieux encore, et en 1898, elle soumit les plans de l'architecte Paul Pelz pour faire construire un nouveau palais présidentiel juste en face de sa demeure de Meridian Hill. Sa proposition fut rejetée, de même que celle d'y ériger un monument en l'honneur d'Abraham Lincoln. Adepte du mouvement urbanistique City Beautiful, elle multiplia les tentatives de faire de 16th Street la rue emblématique de la capitale et finit par obtenir qu'elle soit renommée «Avenue des présidents». Mais les habitants en furent si mécontents, qu'elle redevint 16th Street moins d'un an plus tard.

Mary Henderson s'assura une postérité en faisant pression auprès du Congrès pour qu'il rachète la propriété de Meridian Hill et la transforme en jardin public. Le gouvernement fédéral entra en possession du domaine en

1910, mais le parc ne fut achevé qu'en 1936, cinq ans après la mort de Mme Henderson.

Rebaptisée Henderson Castle, la propriété fut rachetée peu avant d'être rasée en 1949. La nature se chargea de reboiser le terrain, et en 1977, un nouvel hôtel huppé y vit le jour, Beekman Place, dans l'enceinte du mur historique.

Si vous y allez un dimanche, traversez la rue et laissez-vous guider par le son des djembés jusqu'à Malcolm X Park pour assister à ce rendez-vous musical. Et n'oubliez pas de chercher Jeanne d'Arc, seule statue féminine équestre dans une ville qui regorge de cavaliers en bronze masculins.

LA MAISON DE L. RON HUBBARD ⑥

1812 19th Street NW
- lronhubbard.org/heritage-sites/dc.html
- Tél. : +1 202-234-7490
- Ouvert de 10 h 30 à 18 h 30 ; prendre rdv par téléphone
- Entrée gratuite
- Accès : métro Dupont Circle (ligne rouge)

Berceau de la scientologie

Tout comme le Musée laogai (cf. page 105), la maison de L. Ron Hubbard abrite une exposition étonnante autour de la vie d'un homme, dans le quartier historique de Dupont Circle. En 1955, suite au succès de son livre La dianétique : la science moderne de la santé mentale, l'auteur de science-fiction charismatique aux cheveux roux L. Ron Hubbard quitta la ville de Phoenix pour s'installer à Washington. Sa jolie maison flamande, située dans une ruelle calme à l'écart des grands axes, devint le berceau de la scientologie, sa nouvelle idéologie religieuse. Soixante ans plus tard, alors que la religion compte plusieurs millions d'adeptes, cette maison historique transformée en musée est connue sous le nom de « première Église fondatrice de scientologie », à ne pas confondre avec celle en activité, l'Église fondatrice de scientologie, située non loin de là, dans 16th Street.

Restaurée en 2005, la demeure a retrouvé son apparence des années 50 et accueille les visiteurs de toutes confessions (de même que les athées) sur rendez-vous. La visite commence par la biographie de Lafayette Ronald Hubbard (LRH) et la liste chronologique de ses prétendus exploits, depuis son apprentissage à 12 ans de la théorie psychanalytique jusqu'à la fondation d'une nouvelle religion du XXe siècle, sans oublier ses prouesses de pilote, qui lui valurent le surnom de « Flash Hubbard ». Quelques photos et objets personnels donnent un aperçu de la vie de ce leader vénéré par ses adeptes, ainsi que du développement de sa philosophie.

C'est dans un petit salon à l'arrière du bâtiment, composé d'un podium et de chaises, qu'eut lieu le premier mariage scientologue, de même que les conférences de LRH. Au premier étage, on peut voir son bureau tel qu'il était en 1957, avec sa machine à écrire Remington, ses magnétophones Ampex, son miméographe Roneo, sa radio Grundig et des souvenirs rapportés de ses voyages autour du monde. Dans une autre pièce, différents modèles de l'électropsychomètre (ou E-meter) sont exposés, l'instrument destiné à l'audition des adeptes de scientologie afin de « mesurer et d'indiquer les changements de résistance du corps humain ». Pour finir, la visite s'achève dans l'immense bibliothèque, où sont réunis les livres de Hubbard ainsi que les enregistrements de ses conférences.

L. RON HUBBARD À WASHINGTON

Bien avant de fonder l'Église de scientologie du district, LRH fréquenta l'école pour garçons Woodward puis étudia à George Washington University de 1930 à 1932. Il aurait chanté des ballades à la radio WOL et écrit des articles pour le Washington Herald.

MUSÉE LAOGAI ❼

Laogai Research Foundation
1901 18th Street NW
• laogaimuseum.org
• Tél. : +1 202-408-8302
• Ouvert du samedi au mercredi de 10 h à 18 h, fermé les jours fériés
• Entrée gratuite, les dons sont bienvenus
• Accès : métro Dupont Circle (ligne rouge), sortie Q Street

Brutalités judiciaires au grand jour

Au nord de Dupont Circle, le Musée laogai dénonce le système pénal chinois et met en lumière ses violations des droits de l'homme. Ce système draconien s'appuie entre autres sur le principe de *Láodòng Gǎizào* (勞動改造/劳动改造), « la rééducation par le travail ». Conçus sur le modèle du goulag soviétique, ces camps de travail dits « laogai » furent instaurés par Mao Zedong en République populaire de Chine dès 1949.

Harry Wu, emprisonné en 1960 à l'âge de 23 ans comme « contre-révolutionnaire de droite » pour avoir critiqué le régime communiste chinois, émigra aux États-Unis peu après sa libération, en 1979. En 1985, il porta témoignage auprès du Congrès de la brutalité des laogais, puis fonda la Laogai Research Foundation (LRF) en 1992, et le musée en 2008. Un nouvel espace créé en 2011 nous donne un aperçu des atrocités commises dans les laogais, depuis les scènes de torture jusqu'au trafic d'organes des prisonniers exécutés. Ces réalités filmées clandestinement par d'anciens détenus, souvent dissidents politiques, attestent de la cruauté inconcevable des traitements. La religieuse tibétaine Ngawang Sangdrol, arrêtée à 12 ans pour avoir crié « Vive le Tibet libre ! » fut ainsi incarcérée pendant onze ans. En 1961, Qi Jiazhen commit le crime de vouloir étudier à l'étranger ; accusée de trahison, elle écopa de treize ans de prison. Qin Yongmin, fondateur du parti démocrate chinois, passa plus de vingt ans de sa vie en détention : condamné en 1981 pour propagande contre-révolutionnaire (8 ans), en 1993 pour trouble à l'ordre public suite à la formation d'un mouvement pacifiste (2 ans), puis en 1998 pour la création du journal China Human Rights Watch (12 ans).

La LRF dénonce également les violations généralisées des droits de l'homme, qui ne se limitent pas au milieu carcéral. Parmi elles, citons les « mesures coercitives de la politique de l'enfant unique » (avortement forcé), le « grand firewall de Chine » qui censure Internet auprès de la plus grande communauté d'utilisateurs au monde, et la peine de mort, à la fois cachée (injections létales sous étroite surveillance) et publique (exécutions dissuasives).

Le musée expose une grande variété d'objets fabriqués par les prisonniers pour l'exportation depuis les années 50 (une aubaine pour l'économie chinoise), ainsi qu'un journal confectionné à partir de paquets de cigarettes par un « conspirateur » tibétain dans les années 90, pendant sa détention.

LE CHAT DE NAVIRE DE L'ARGYLE HOUSE

2201 Massachusetts Avenue NW
• Accès : métro Dupont Circle (ligne rouge)

Diplomatou du quartier des ambassades

Telle une sentinelle féline perchée sur une corniche d'une bâtisse de l'Embassy Row, la statue d'un minou veillant sur son royaume fait référence à la carrière navale du premier propriétaire des lieux, l'officier de la marine américaine Frederick Augustus Miller.

Grâce à leur sensibilité exacerbée et leurs talents de chasseurs, les chats étaient utilisés sur les navires pour prédire les variations météorologiques et, bien sûr, faire fuir les rongeurs. L'imposante demeure de Miller fut bâtie en hauteur au début du XXe siècle, au coin de Massachusetts Avenue et de 22th Street. Conçue par l'architecte Paul J. Pelz, la maison du vétéran de la guerre de Sécession multiplie les références navales, à commencer par ce chat de navire en pierre qui ne manque pas de surprendre les passants.

Membre de divers conseils d'administration, ainsi que de l'association de notables Cosmos Club, Miller jouit d'une grande considération dans la haute société de Washington. Après son décès en 1909, sa veuve Alice vendit en 1913 la maison, qui changea maintes fois de propriétaire par la suite. Pendant la Grande Dépression, le bâtiment fut transformé en pension, et de nos jours, il est divisé en appartements de standing. Au début des années 80, un incendie ravagea cependant une grande partie de l'intérieur de la maison.

L'ancien garage de la propriété, construit spécialement pour abriter une automobile plutôt qu'une voiture à cheval, était l'un des premiers du genre. De 1986 à 2009, il accueillit une partie de la collection d'art d'Olga Hirshhorn, la veuve de Joseph Hirshhorn, qui donna son nom au Hirshhorn Museum. Olga baptisa cet espace en triplex de 45 mètres carrés la « Maison de souris », en hommage au chat en pierre de la grande maison. Exposée dans un musée du Connecticut en 2009, la Mouse House fait désormais partie de la collection permanente du Patty & Jay Baker Museum de Naples, en Floride.

STATUE DE LA DÉESSE SARASVATI

Ambassade de la République d'Indonésie
2020 Massachusetts Avenue NW
• embassyofindonesia.org
• Tél. : +1 202-775-5200
• Accès : métro Dupont Circle (ligne rouge)

> *Une statue hindoue offerte par un pays musulman à une nation chrétienne*

Dans une ville très largement pourvue en hommes de bronze colossaux, la vision de cette imposante divinité féminine devant l'ambassade d'Indonésie est un spectacle à couper le souffle. Sculptée dans du béton blanc immaculé orné de quelques dorures, Devi Saraswati, la déesse hindoue de la connaissance et de la sagesse, s'élève à 5 mètres de hauteur au-dessus d'un trio multiracial d'enfants studieux. Seuls 3 % de la population indonésienne pratiquent l'hindouisme, et pourtant, ce pays à la plus forte concentration musulmane du monde (88 % de ses citoyens sont adeptes de l'islam) a fait don de cette statue aux États-Unis, une nation à majorité chrétienne.

Ce cadeau incite les deux pays à se battre pour défendre la liberté de culte et souligne la force rayonnante de la connaissance. De par la diversité ethnique des jeunes élèves aux pieds de la déesse, la statue honore l'éducation et prône la tolérance.

C'est à Bali, la plus petite province de l'archipel de l'Asie du Sud-Est, que réside la majorité de la population hindoue d'Indonésie. Une équipe de sculpteurs balinais, dirigée par I. Nyoman Sudarwa, conçut la statue en trois parties (haut du corps, bas du corps et socle) avant de l'expédier aux États-Unis pour qu'elle soit assemblée sur place. Sarasvati est représentée de façon traditionnelle, dans une attitude sereine. Ses quatre bras symbolisent sa présence à la fois dans le monde physique (bras avant) et spirituel (bras arrière), tandis que ses quatre mains évoquent les différents aspects de la personnalité humaine : manas (esprit), buddhi (raison), chitta (conscience) et ahankara (ego). Dans ses mains arrière, elle tient un livre (pustaka) et un rosaire (mālā), et à l'aide de ses deux autres mains, elle joue d'une sorte de sitar (vīnā). L'oie sauvage aux ailes déployées qui lui sert de monture représente son véhicule (vâhana), et le lotus blanc en dessous symbolise la Réalité suprême.

Près de là, sur un triangle de pelouse très méditatif, se dresse la statue d'un autre Hindou vénéré, celle de Mahatma Gandhi. Cette sculpture imposante fait face à l'ambassade de l'Inde, au 2107 Massachusetts Avenue.

MANSION ON O STREET

2020 O Street NW
- omansion.com
- Tél. : +1 202-496-2020
- Horaires et tarifs : variables, consulter le site Internet
- Accès : métro Dupont Circle (ligne rouge)

Un hôtel-musée-espace événementiel avec 32 passages secrets

Si vous franchissez le seuil de l'une des maisons mitoyennes de Mansion on O Street, vous serez aussitôt plongé dans un bric-à-brac sans queue ni tête, un univers rocambolesque et mercantile tout droit sorti de l'imagination d'une vieille tante un peu zinzin. H.H. Leonards Spero, rêveur invétéré et fondateur du lieu, a combiné hôtellerie, restauration, art et musique pour créer un hôtel-musée-espace événementiel mêlant les styles les plus hétéroclites. Avec ses passages secrets et ses objets insolites d'un goût plus ou moins sûr et presque tous à vendre, l'endroit promet une visite haute en couleur à toutes les générations.

Après avoir acheté la première des quatre maisons communicantes de Dupont Circle en 1980 et en avoir fait construire une cinquième, Spero a agrandi son petit bed and breakfast pour en faire à la fois un club privé, un lieu dédié aux événements des particuliers et des entreprises, un musée et une fondation à but non lucratif. À l'exception de la collection de guitares Gibson offertes et dédicacées par des guitaristes célèbres, tout ce qui se trouve dans l'un des cinq bâtiments mitoyens peut être acheté, aussi bien les antiquités que les simples babioles dont l'endroit est truffé. Le sacré et l'absurde se côtoient sans ironie aucune, et l'on peut apercevoir des œuvres d'art ecclésiastique posées à côté de vieux vinyles oubliés des années 80. Un visiteur, dont le regard fut attiré par le reflet d'un 33 tours de Nolan Thomas, découvrit par hasard l'un des sept passages secrets décelés ce jour-là. De l'autre côté, une Vierge à l'Enfant se dresse de façon presque menaçante au-dessus des marches d'un escalier secret.

Chris Halliday, un amoureux des lieux, nous fait part de son enthousiasme : « Contrairement à tous ces musées de Washington où on est obligé de se tenir à distance, ici on est libre d'explorer, de toucher à tout et même d'acheter leurs objets uniques. » Les visiteurs à la recherche des passages secrets peuvent sonder les différents bâtiments et ouvrir toutes les portes qu'ils rencontrent, sauf indication contraire.

L'endroit regorge de couloirs tortueux et d'escaliers secrets, à tel point qu'il est facile de perdre ses repères et d'oublier à quel étage ou même dans quel bâtiment on se trouve à mesure que l'on cherche les 32 portes dissimulées dans le complexe. Mais n'hésitez pas à vous aventurer dans le terrier du lapin blanc, peut-être aurez-vous même l'occasion de prendre le thé avec un chapelier fou.

LA MAISON DE CHRISTIAN HEURICH

1307 New Hampshire Avenue NW
• heurichhouse.org
• Tél. : +1 202-429-1894
• Visites guidées uniquement du jeudi au samedi à 11 h 30, 13 h et 14 h 30 ; réservation obligatoire ; accueil des groupes (à partir de 10 personnes) sur rendez-vous ; e-mail : events@heurichhouse.com
Tarifs : 5$ par personne (3$ pour les membres du National Trust)
• Accès : métro Dupont Circle (ligne rouge), ou bus DC Circulator (ligne Dupont Circle-Georgetown) jusqu'à l'arrêt 19th Street and N Street NW

A u sud-ouest de Dupont Circle, la demeure Gilded Age de l'entrepreneur visionnaire Christian Heurich, parfaitement conservée, a très peu changé depuis le temps où le magnat de la bière d'origine allemande y résidait, il y a de cela plus d'un siècle. Surnommée le «Château du maître brasseur»,

Le palais du brasseur pyrophobe

cette majestueuse propriété de 31 pièces, construite en 1892, présente de nombreuses innovations pour l'époque, telles que sa tuyauterie intégralement à l'intérieur, son chauffage central, son système d'interphone pneumatique ou encore son éclairage combinant gaz et électricité.

L'édifice en béton armé fut la première habitation ignifugée de la capitale. Bien que la demeure comporte 17 cheminées en parfait état de marche, Herr Heurich ne les utilisait jamais en raison de sa peur panique du feu. Phobie ô combien légitime, dans la mesure où son ancien logement et deux de ses brasseries furent ravagés par un incendie. Une salamandre en cuivre, considérée comme résistante au feu dans de nombreuses croyances, orne le sommet de la tour. Les moindres accessoires de la maison, depuis le grand escalier jusqu'aux portes coulissantes, furent conçus en matériaux non inflammables. Même le revêtement des murs, que l'on pourrait prendre pour du velours, est en réalité du papier peint recouvert d'un enduit à base de sable, résistant au feu.

Vous pourrez admirer la multitude de boiseries minutieusement sculptées par des artisans allemands, en particulier dans la salle à manger et dans le remarquable bierstube (« salon de bière ») du maître-brasseur, où ce dernier jouait aux cartes et portait des toasts avant que sa femme abstinente ne le transforme en salle du petit-déjeuner. En homme moderne, Christian Heurich fit installer une cage d'ascenseur dans la maison de trois étages, mais promit qu'il n'ajouterait pas l'ascenseur tant qu'il serait encore en état de gravir les marches. Il continua à grimper l'escalier et à tenir sa brasserie de grande renommée jusqu'à sa mort, en 1945, à l'âge de 102 ans.

La maison, transformée aujourd'hui en musée, est un remarquable exemple d'habitation luxueuse de la fin de l'époque victorienne. Plutôt pas mal pour un émigré débarqué avec seulement 200$ en poche, qui devint par la suite le plus grand employeur privé de la capitale et le deuxième propriétaire terrien, après l'État.

L'ASTUCE D'UNE SUPERSTITIEUSE

Mme Heurich, fort superstitieuse, gardait toujours au cas où une poupée au visage de porcelaine, Michael, sur la crédence. Si jamais, par malheur, 13 personnes se trouvaient à dîner à sa table, Michael se joignait alors aux convives pour rétablir l'équilibre, malgré son air grincheux.

MAISON DU TEMPLE DU RITE ÉCOSSAIS

Headquarters of the Supreme Council, 33°
Scottish Rite of Freemasonry, Southern Jurisdiction, USA
1733 16th Street NW
• scottishrite.org • Tél. : +1 202-232-3579
• Ouvert du lundi au jeudi, de 7 h à 17 h ; visites guidées à 10 h 30, 12 h,
13 h 30 et 15 h ; fermé les jours fériés • Entrée gratuite
• Accès : métro U Street (lignes verte ou jaune) ou Dupont Circle (ligne
rouge) puis 10 à 15 minutes à pied

> **La plus belle construction maçonnique de Washington**

La Maison du Temple, bâtie intégralement en pierre selon la technique sacrée des anciens maçons, abrite le siège du Suprême Conseil des Grands Commandants Chevaliers Inspecteurs Généraux de la Maison du Temple de Salomon du Trente-troisième degré du Rite écossais ancien et accepté de la Franc-maçonnerie de la Juridiction Sud des États-Unis d'Amérique. L'édifice majestueux est de loin la plus belle construction maçonnique de Washington.

Admiré par les uns, critiqué par les autres, le temple est un véritable enchantement qui recèle mille et une curiosités et foisonne de symboles maçonniques. Les marches de l'escalier en granite menant à l'édifice surélevé sont regroupées par trois, cinq, sept et neuf et deux énormes sphinx sont sculptés de part et d'autre de l'entrée, l'un représentant le pouvoir, l'autre, la sagesse. On retrouve le nombre 33, qui correspond au plus haut degré du Rite écossais (symboliquement l'âge spirituel de l'adepte le plus gradé), un peu partout : le bâtiment est ainsi entouré de 33 colonnes ioniques de 33 pieds (10 mètres) de haut et chaque lustre est composé d'autant d'ampoules. L'aigle à deux têtes, l'emblème du Rite, est représenté à différents endroits, et notamment sur la table en marbre du vestibule, qui porte l'inscription latine « Salve Frater », « Salut mon frère ». La confrérie se montre en effet ouverte et accueillante, pas seulement envers les initiés, mais aussi envers le commun des visiteurs.

Ouverte en grande pompe en 1915, la construction du célèbre architecte John Russell Pope s'inspire de l'une des sept merveilles du monde antique, le tombeau de Mausole, à Halicarnasse, dont est dérivé le terme « mausolée ». À y regarder de plus près, ce temple maçonnique en est bel et bien un. Exception faite à la législation funéraire en vigueur, les grands Commandeurs Albert Pike et John Henry Cowles y sont enterrés debout, «six pieds derrière un mur» (1,80 mètre), comme l'explique le guide.

Un grand escalier en colimaçon mène à la chaise du Couvreur, la sentinelle armée d'une épée qui garde la Salle du Temple lors des séances biennales du Suprême Conseil. Le guide précise que l'épée, exposée en bas de l'escalier, n'est pas aiguisée et n'a qu'une valeur rituelle. La première chose que l'on aperçoit en entrant dans la salle, dont la porte est surmontée par les tuyaux d'un orgue gigantesque, est une vulgaire fontaine à eau. Mais la pièce ne tarde pas à révéler sa splendeur. Une impressionnante coupole s'élève 30 mètres au-dessus d'un autel en marbre, sur lequel reposent les livres sacrés de différentes religions (la croyance en un Être supérieur fait partie des principes fondamentaux de la franc-maçonnerie). Cet ensemble de 33 carreaux, dont la base opaque est ornée de serpents et qui s'éclaircit de plus en plus en direction du sommet, évoque la devise maçonnique « Ordo ab Chao », « L'ordre naît du chaos ».

WASHINGTON : UNE VILLE CONÇUE SUR DES PRINCIPES FRANCS-MAÇONS ISSUS DE LA VILLE DE LISBONNE

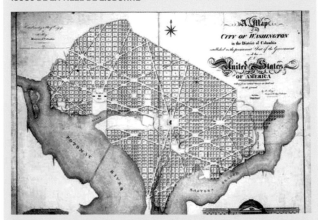

Fondée par George Washington en 1791, qui lui donna son propre nom, à partir de sa ville de Georgetown, la ville de Washington a été conçue en grande partie par Pierre Charles L'Enfant (Anet, France, 9/08/1754 – Comté de Prince George's, USA, 14/06/1825), un architecte et ingénieur civil réputé, Français naturalisé Américain, qui était également un éminent maçon.

Le plan de l'Enfant possédait l'originalité de s'inspirer de celui du quartier de la Baixa Pombaline de Lisbonne, reconstruite après le tremblement de terre de 1755. Tout comme la ville basse de la capitale portugaise est formée par un ensemble de rues droites et perpendiculaires disposées de chaque côté de l'axe qu'est la rue Augusta, à Washington, la cité a pour centre le Capitole. Les avenues en diagonale croisent des rues qui, contrairement aux avenues, ont été dessinées perpendiculairement entre elles, et les intersections sont matérialisées par des ronds-points. De la même façon que la Baixa de Lisbonne se termine sur la Place du Commerce, à Washington, se dresse un énorme National Mall (Promenade Nationale) selon l'idée de l'architecte français et, comme la ville basse lisboète, le plan de Washington obéit aux canons maçonniques de la géométrie sacrée, où la relation entre ses principaux édifices et monuments forme de suggestives formes géométriques telles que l'équerre (allégorie de L'Espace Sacré), le compas (allégorie du Temps Sacré), la Règle de Mesure (la Rectitude) et le Delta Parfait.

On retrouve également dans ce tracé l'Hexagramme et le Pentagramme (voir page ci-contre).

En regardant de plus près le plan de la ville, on remarque aussi que le Capitole épouse la forme d'un cercle et symbolise la partie supérieure du compas, qui était circulaire à l'origine. L'avenue de Pennsylvanie, qui relie le Capitole à la Maison-Blanche, représente une jambe du compas, tandis que l'avenue de Maryland, entre le Capitole et le Mémorial Thomas Jefferson, figure la seconde jambe, même s'il est nécessaire ici de se servir d'une règle pour tracer une ligne afin d'obtenir l'effet, car l'avenue de Maryland n'étant pas parfaitement droite, même si elle pointe globalement vers le Mémorial Jefferson. Le tout forme le Compas maçonnique.

L'Équerre maçonnique commence sur Union Square, l'avenue de Louisiane représentant le premier bras et l'avenue de Washington le second. Il est encore une fois nécessaire d'utiliser une règle pour tirer des lignes entre les avenues de Louisiane et de Washington pour voir se dessiner l'équerre, l'avenue de Louisiane s'achevant sur celle de Pennsylvanie, et l'avenue de Washington culminant sur Maryland, l'angle à 90 degrés n'étant pas formé. Mais en traçant la continuité naturelle de ces segments au-delà de leurs points de terminaisons, l'angle de l'équerre est parfait.

La Règle de Mesure est clairement visible quand on trace une ligne droite entre le nord et le sud (le cardo de la ville) à partir du centre de la Maison-Blanche jusqu'à la base du Monument de Washington, puis en direction de l'est, vers le Capitole. C'est ainsi que les rues de Washington représentent dans leur tracé les trois symboles sacrés de la Maçonnerie Initiatique.

Le Delta Parfait, ou Triangle Maçonnique, est formé par les lignes imaginaires qui relient entre eux le Capitole, la Maison-Blanche et le Mémorial de Jefferson, et l'œil de la Divine Providence est représenté par le Monument de Washington, un obélisque éclairé à son sommet, structure la plus haute de la ville, culminant à 169,7 mètres.

Les lignes du Pentagramme de l'Initiation se dessinent sur la carte à partir de Logan Cirle où bifurquent les avenues de Rhode Island et du Vermont. Elles relient la Dupont Circle où commencent les avenues du Massachusetts et du Connecticut. C'est la ligne horizontale tracée sur la K Street (qui figure le decumanus, l'axe est-ouest), le sommet du pentagramme (étoile à cinq branches) étant représenté par la Maison-Blanche.

Les lignes de l'Hexagramme de l'Illumination (étoile à six branches) se tracent depuis Dupont Circle, où bifurquent l'avenue du Massachusetts et 19th Street. Celles-ci forment avec les avenues de Pennsylvanie et de New York deux triangles entrelacés, c'est-à-dire un hexagramme, la Maison-Blanche se trouvant exactement au point d'intersection le plus bas entre les triangles.

Toutes ces lignes sont des lignes de force esquissées pour faire de la ville de Washington un grand Domus Libero Muratori Illuminati, le Siège des Maîtres Maçons Illuminés, par le Savoir et la Morale, consacrant ainsi la métropole à la plus grande gloire de l'Architecte Suprême de l'Univers, la Divinité qui préside à tout et à tous.

GEORGE WASHINGTON, UN FRANC-MAÇON FONDATEUR DES ÉTATS-UNIS

George Washington (22/02/1732 – 14/12/1799) est considéré à juste titre comme le « Père fondateur de la Nation » américaine, lui qui est devenu le premier Président des États-Unis (de 1789 à 1797) après avoir été le commandant en chef victorieux de l'Armée continentale pendant la Guerre d'indépendance, dirigé la convention qui a élaboré la constitution remplaçant les Articles de la Confédération et créé la charge de Président. Il était « le premier à la guerre, le premier à la paix et le premier dans le cœur de ses concitoyens » disait de lui Henry Lee, un de ses contemporains, le jour de sa mort.

Le jour où George Washington a accédé à la Présidence, la bible utilisée pour son serment était celle de la loge maçonnique Saint-Jean, de New York, à une époque où il était précisément membre Vénérable de la loge Alexandre, à Alexandria, en Virginie. On peut ainsi légitimement affirmer que la maçonnerie écossaise du rite d'York a eu un rôle actif dans la fondation de la Nation et dans l'élaboration de sa carta magna garante de l'indépendance nationale qu'est sa Constitution, le rôle principal de « Père de la Nation » échouant à un maître-maçon de haut rang.

George Washington a été initié à la maçonnerie le 4 novembre 1752, pour la somme de deux livres et trois shillings. Il a ensuite reçu l'Élévation le 3 mars 1753 à la loge de Fredericksburg avant d'accéder au rang de Maître, le 4 août 1753. On présume qu'il a été le premier Vénérable Maître de la loge Alexandre n°22, à Alexandria, car son nom apparaît en première place de la liste des membres de la commission destinataires de la lettre constitutionnelle en 1788. Au-delà d'avoir prêté son serment présidentiel sur une bible maçonnique devant le ministre Robert Livingston, Grand Maître de la Grande Loge de New York, il a promu la création du Capitole. À la cérémonie d'édification de sa première pierre, le 18 septembre 1793, il arborait même les insignes de Vénérable Maître d'honneur.

ALBERT PIKE : LE GÉNIE DE LA FRANC-MAÇONNERIE AMÉRICAINE

Albert Pike (Boston, 29/12/1809 – Washington, 2/04/1891) a très tôt révélé son génie intellectuel et surtout spirituel. Poète et essayiste, il parlait seize langues, comme l'affirment ses biographes, et est devenu Maçon aux alentours de 1840. En 1859, il a été élu Grand Commandeur Souverain du Rite Écossais de la Juridiction Sud, une charge de 33e degré où il demeura le reste de sa vie, dédiant la majeure partie de son temps à l'étude et au développement des degrés et des rituels de l'Ordre Maçonnique. En 1871, il créa la sensation en publiant le livre Morales et Dogme du Rite Écossais Ancien et Accepté de la Maçonnerie, où il a compilé et établi les bases philosophiques, historiques, politiques, symboliques et religieuses du Rite Écossais Ancien et Accepté. Il y développe les enseignements des trente-trois degrés, dont il explique le symbolisme et l'allégorie à la lumière de sa propre compréhension. Il s'agit d'un ouvrage monumental, par son volume et la somme de ses enseignements : 861 pages de textes de morale et de dogme, auxquelles s'ajoute une table de matière de références de 218 pages, le tout en 32 chapitres, chacun d'entre eux discutant dans le détail le symbolisme philosophique de chaque degré maçonnique.

ALBERT GALLATIN MACKEY (1807-1881), célèbre écrivain maçon nord-américain, affirmait que Washington a été initié durant la guerre avec la France, à la loge militaire n° 227 du 46e régiment. Mais, pour une raison inconnue, Mackey ne cite pas la plus importante des élévations maçonniques de George Washington : celle d'avoir eu pour parrain et conseiller occulte un Maître Spirituel provenant de la mystérieuse « Fontaine Suprême du Monde », identifiée par les Orientaux comme Shamballah ou Agharta et offrant de nombreuses ressemblances avec le Royaume du Prêtre Jean des Templiers et hermétistes médiévaux.

Selon Robert Allen Campbell dans son œuvre Our Flag (Chicago, 1890), en 1755, quand les fondateurs de la République naissante étudiaient le projet du nouveau drapeau, un homme étrange serait apparu, une sorte de Comte de Saint-Germain, un notable banni de France sur le continent américain où il circulait entre la ville actuelle de Washington et l'État du Nouveau-Mexique. Il dît alors posséder l'Hacienda Del Destierro, à El Moro, à proximité de Cimarron, et gagna immédiatement le respect et l'amitié de Benjamin Franklin et de George Washington. Ce personnage mystérieux, que les mémorialistes se limitent à appeler le Professeur, avait apparemment plus de 70 ans, mais était aussi vigoureux qu'un jeune homme. De haute stature et d'aspect extrêmement digne, il parlait avec un ton mêlant autorité et grande courtoisie. À l'instar du Comte de Saint-Germain, le «Professeur» racontait fréquemment des événements historiques de telle façon qu'il donnait l'impression d'en avoir été témoin. Il disparut soudainement, un jour.

À n'en point douter, l'énigmatique Professeur, tout comme la morale maçonnique, ont marqué de façon positive et irréversible le profil et la conduite de George Washington, tant d'un point de vue spirituel que politique. Dans son discours d'adieu à la Présidence en 1797, il appela au civisme et mit en garde contre le régime des partis et la participation à des conflits externes, réaffirmant la séparation des pouvoirs entre l'Église et l'État. Lui qui fut l'un des premiers à parler de tolérance religieuse et de liberté du culte, ordonna notamment en 1775 à ses troupes de ne pas montrer de sentiments anti-catholiques au moment de brûler l'effigie du Pape lors de la Nuit de Guy Fawkes. Quand il embaucha des ouvriers pour sa demeure de Mount Vernon, il écrivit à son agent : « Si ce sont de bons travailleurs, ils peuvent venir d'Asie, d'Afrique ou d'Europe, ils peuvent être musulmans, juifs, chrétiens ou d'une quelconque secte ; ils peuvent même être athées. » En 1770, il précisa en réponse à une lettre de la Synagogue Touro que tant que les personnes se comporteraient comme de bons citoyens, elles ne seraient pas persécutées pour leurs croyances ou religion, ce qui représente un immense soulagement pour la communauté juive des États-Unis, alors que les juifs avaient subi des discriminations et avaient été expulsés de beaucoup de pays européens.

PRINCE HALL, « FONDATEUR DE LA FRANC-MAÇONNERIE NOIRE AMÉRICAINE »

À la fin du XVIIIe siècle, un groupe de quinze Afro-Américains libres de Boston, séduits par les valeurs maçonniques de liberté, d'égalité et de paix, tentèrent de rejoindre la St. John's Lodge, alors réservée aux Blancs, sur l'initiative de Prince Hall, vétéran de la guerre d'indépendance des États-Unis. Voyant leur demande refusée, ils se tournèrent alors vers l'Irish Constitution Military Lodge n° 441 du port de Boston, qui les accepta. Ils furent initiés le 6 mars 1775, puis reçurent l'autorisation de se réunir au sein de l'African Lodge n° 11 en 1776. En 1784, ils obtinrent une patente de la Grande Loge d'Angleterre et formèrent l'African Lodge n° 4459. Prince Hall fut nommé grand-maître par le prince de Galles en 1791, l'année où l'on posa les premières bornes pour délimiter les frontières de la nouvelle capitale fédérale. À la mort de Prince Hall, en 1807, la confrérie maçonnique fut renommée en son honneur. En 1923, les membres de la loge de Washington -premier ordre maçonnique noir créé au sud de la ligne Mason-Dixon- avaient rassemblé suffisamment de fonds pour bâtir un temple au 1000 U Street. Ce dernier, la Most Worshipful Prince Hall Grand Lodge, conçu par l'architecte afro-américain Albert Cassell, se dresse aujourd'hui encore à côté de la station U Street. Parmi les membres des Grandes Loges de Prince Hall, on peut notamment citer « W. E. B. » Du Bois, Garrett A. Morgan (l'inventeur des feux de signalisation), Alexandre Pouchkine, A. Philip Randolph, Marion Barry (surnommé le « maire à vie » de Washington) et même Richard Pryor.

« L'ÉGYPTE SUR LE POTOMAC»

L'historien Anthony T. Browder organise des visites culturelles de la capitale américaine afin de décrypter les nombreux symboles d'influence maçonnique disséminés aux quatre coins de la ville. L'exploration dure trois heures et analyse la façon dont les Pères fondateurs des États-Unis ont intégré certains aspects de la symbolique et de la philosophie de la vallée du Nil lors de la fondation création de la jeune nation. On découvre ainsi des « secrets cachés bien en évidence », tels que le symbole égyptien Heru Bedhet (« Connais-toi toi-même »), gravé à l'intérieur du Washington Monument, et qui surmontait l'entrée des temples de l'Égypte antique.

PORTRAIT MURAL DE CHUCK BROWN

Ben's Chili Bowl
- 1213 U Street NW
- Accès : métro U Street/African-American Civil War Memorial/Cardozo (lignes verte ou jaune) ; suivre la Ben Ali Way : Chuck Brown est sur la droite, tout au bout de la fresque

Dans une allée étroite, au beau milieu de l'animation de U Street, Chuck Brown, le « parrain du go-go », a été immortalisé par l'illustre artiste local Aniekan Udofia. Le restaurant Ben's Chili Bowl demanda à l'artiste de peindre ce portrait souriant de Chuck, avec sa dent en

Hommage au parrain du go-go

or et ses lunettes de soleil, sur sa façade pour compléter la fresque colorée qui rendait déjà hommage à son célèbre client Bill Cosby, ainsi qu'au président Barack Obama et à Donnie Simpson, célébrité de la radio de Washington.

Le go-go, sous-genre de la musique funk, avec ses rythmes percussifs caractéristiques, son interaction avec le public et le rôle fondamental de ses instrumentations, fait partie de l'héritage musical de Washington. À tel point que Chuck Brown, son fondateur, fut inclus au concert de la fête du Travail de 2011, donné chaque année par le National Symphony Orchestra devant le Capitole. Le programme, The Legends of Washington Music, honorait les enfants du pays : John Philip Sousa « The March King » et le célèbre jazzman

Duke Ellington, de même que le pionnier du Go-Go, né en Caroline du Nord et installé à Washington.

L'orchestre interpréta des compositions de chaque artiste, et fut rejoint à la fin par Chuck Brown et son groupe, The Soul Searchers, pour une soirée mémorable de go-go symphonique. Chuck Brown s'éteignit à peine un an plus tard.

Depuis son décès, en mai 2012, son portrait orne les façades de nombreux immeubles de la ville et un monument a été édifié en son honneur dans le Langdon Park (NE). L'allée en face du légendaire Howard Theatre a également été rebaptisée « Chuck Brown Way » en 2009.

Tout près de là, une allée est dédiée à Anthony Harley (ancien protégé de Chuck Brown et leader du groupe Lil' Benny & The Masters), « Lil' Benny Way », seule rue du district se terminant par une apostrophe.

Employees must
wash their hands
before returning
to work.

You should probably
wash your hands too.

LES LAVABOS DU GRIFFITH STADIUM

Nellie's Sports Bar
900 U Street NW
• nelliessportsbar.com
• Tél. : +1 202-332-NELL(6355)
• Ouvert du lundi au jeudi de 17 h à 1 h, vendredi de 15 h à 3 h, samedi de 10 h 30 à 3 h, dimanche de 10 h 30 à 1 h
• Accès : métro U Street/African-American Civil War Memorial/Cardozo (lignes verte ou jaune)

*Un lieu
chargé d'histoires*

Situé au croisement de 9th Street et de U Street NW, le Nellie's Sports Bar regorge d'histoires. À quelques centaines de mètres se trouve l'hôpital universitaire de Howard, construit à l'emplacement du célèbre Griffith Stadium. Cet ancien stade de baseball, en activité de 1911 à 1965, accueillit à la fois l'équipe des Sénateurs de Washington (Ligue majeure de baseball) et celle des Grays de Homestead (Negro League). Ce fut également le domicile des Redskins de Washington pendant 24 saisons de la Ligue nationale de football américain. Au moment de la démolition du stade fétiche en 1966, on récupéra ses lavabos pour les installer dans les toilettes du Nellie's Sports Bar, en hommage aux exploits sportifs du quartier. Avant de s'enfiler un hot-dog et une bière fraîche, les clients du bar peuvent désormais se laver les mains au même robinet que les légions de spectateurs du Griffith Stadium avant eux.

Bar gay en soirée, le Nellie's Sports Bar retransmet des événements sportifs pendant la journée, et chaque week-end, un brunch y est servi par des travestis. Ce troquet à plusieurs étages est décoré de souvenirs de toutes sortes, allant des accessoires sportifs rétro aux fanions d'universités. Sous l'un des nombreux téléviseurs à écran plat, s'aligne ainsi une collection de pagaies de bizutage étudiant. On peut également apercevoir, au-dessus du majestueux comptoir, les portraits de deux mondaines en robe victorienne : les deux Nellie, qui ont donné leur nom à l'établissement, respectivement arrière et arrière-arrière-grand-mère du propriétaire, Douglas Schantz.

HAUT LIEU DU PATRIMOINE CULTUREL AFRO-AMÉRICAIN

Il est bien naturel que les portraits des deux Nellie soient le point de mire du bar. De 1911 à 1983, le 900 U Street abritait le studio Scurlock et marquait l'entrée du quartier historique du « Black Broadway ». Addison Scurlock était le photographe prééminent de la vie noire américaine à Washington pendant la majeure partie du XXe siècle, avec ses fils Robert et George. Ses clichés rendent compte des aspirations de l'élite noire américaine. Se faire photographier par Scurlock était un gage de standing, et avoir son portrait affiché sur la porte du studio représentait une vraie distinction honorifique. L'endroit est indiqué par une plaque de l'Office de tourisme de Washington.

L'enseigne du studio Scurlock Studio, ci-dessus, fait partie de la collection du musée national de l'Histoire et de la Culture afro-américaine de l'Institut Smithsonian.

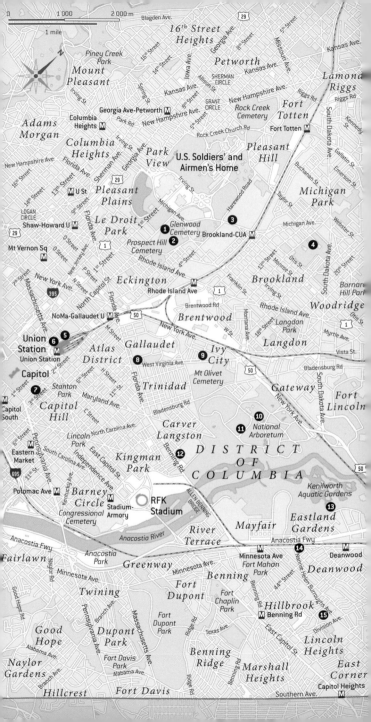

NORD-EST

MICROSHOWCASE

❶

21 Evarts Place NE
• microshowcase.com
• Accès : Metrobus 80 jusqu'à l'arrêt North Capitol Street and Evarts Street

Convaincu du potentiel de cette petite parcelle triangulaire coincée entre les allées d'Evarts Street et le cimetière Glenwood, dans le quartier de Stronghold, Brian Levy en fit l'acquisition en mars 2012. Il entreprit alors de transformer ce terrain

Petit mais il fait le maximum

de 1/30 d'hectare en béton envahi par les mauvaises herbes en un modèle de vie modeste, écologique et abordable. Le lieu, qui abrita au départ quatre mini-maisons, fut nommé « Boneyard Studios » (ossuaire) à cause de la proximité du cimetière. Rebaptisée MicroShowcase, la communauté en constante évolution comprend actuellement une petite maison construite par les étudiants de la DC Academy of Construction and Design, un verger, un potager, un parterre de fleurs et d'herbes aromatiques, un atelier ainsi que la propre maison de Brian Levy, Minim House, pour montrer les possibilités d'une vie minimaliste dans un environnement urbain. Un ensemble de ruches et une cabane Quonset sont également prévus.

Conformément à la législation en vigueur à Washington interdisant la construction d'habitations en dur dans des allées de moins de 10 mètres de large, Minim House reste une résidence mobile. MicroShowcase prouve que la sobriété n'est pas forcément synonyme de privations, mais consiste plutôt à se libérer du superflu. Elle remet en question l'idée préconçue qu'un mobile home est nécessairement laid et mal conçu. Minim House est un parfait exemple du contraire. Avec sa surface de 20 mètres carrés, cette jolie maison est un modèle d'ingéniosité et d'optimisation de l'espace. Si on lui enlève son châssis, Minim House peut tout à fait servir de résidence en dur. Lorsque l'on rabat le couvercle de la cuisinière, on la transforme en plan de travail. Des pédales sous l'évier permettent d'économiser l'eau. Équipée de tabourets emboîtables et d'un canapé, la maison peut facilement accueillir 10 personnes. Si l'on descend le store de la baie vitrée, on obtient un écran parfait pour projeter des films en 16:9. L'énorme lit double coulisse sous le bureau. On peut ranger beaucoup de choses dans le placard, et l'étagère comporte 150 livres. Un système de récupération et de traitement des eaux de pluie fournit de l'eau potable. L'eau chaude et la climatisation sont obtenues grâce à l'énergie solaire. Une salle d'eau « 2 en 1 » combine douche et toilettes à incinération. La maison est chauffée au propane et éclairée à l'aide d'ampoules LED.

À PROXIMITÉ

TUMBE DE CONSTANTINO BRUMIDI

La famille de Constantino Brumidi repose juste de l'autre côté du mur du cimetière. Le « Michel-Ange de Washington » est connu pour ses immenses fresques du XIXe siècle et principalement pour l'Apotheosis of Washington, exposée dans le dôme du Capitole.

TOMBE DE BENJAMIN GRENUP

❷

Glenwood Cemetery, Section D
2219 Lincoln Road NE
• www.theglenwoodcemetery.com
• Tél. : +1 202-667-1016
• Ouvert 365 jours par an, de 6 h à 20 h
• Accès : métro Brookland - CUA (ligne rouge)

*Hommage
à un soldat du feu*

L a nuit du 6 mai 1856, les pompiers volontaires de la Columbia Engine Company No. 1 de Capitol Hill durent répondre à une alarme provenant de Shreeves Stables. Alors que les employés de la Columbia No. 1 s'empressaient d'aller éteindre le feu sur 7th Street avec leur pompe à bras en bois de rose, leur véhicule heurta un réverbère de Pennsylvania Avenue et le pompier de 24 ans Benjamin C. Grenup mourut écrasé.

Les membres de la confrérie à laquelle il appartenait firent tout leur possible pour rendre hommage à son sacrifice. Leur confrère ne serait en aucun cas enterré au cimetière de Glenwood sous une simple pierre tombale. En 1858, le sculpteur sur pierre Charles Rousseau érigea un obélisque colossal en marbre à sa mémoire, dont l'un des bas-reliefs sculptés sur son socle représente la mort tragique de Benjamin Grenup. L'inscription suivante a été gravée sur la face nord : « Pour perpétuer la mémoire et les nobles actions d'un valeureux pompier ; ce cœur noble, pur, fidèle, tendre et loyal n'a pas son pareil dans toute l'histoire de l'humanité. » Entouré d'une clôture en fer qui appartenait à la caserne de pompiers, l'espace triangulaire comporte une bouche d'incendie rouge à chaque sommet.

Chaque année, les nouveaux employés de la DCFD Engine Company #3 (nommée autrefois Columbia Engine No. 1) font un pèlerinage en camion sur la tombe de Grenup, longtemps considéré comme le premier pompier de Washington à avoir trouvé la mort dans l'exercice de ses fonctions. Mais un autre accident plus ancien refit surface en 2010 et l'on se rendit compte que John G. Anderson, de la Western Hose Company de Georgetown, avait été tué le 11 mars 1856, soit deux mois avant Grenup. Son corps repose dans une tombe ordinaire au cimetière d'Oak Hill, dont la stèle a depuis longtemps disparu.

Dans un article du Washington Post paru le 15 janvier 2011, James Embrey, l'un des responsables du DC Fire and EMS Museum (cf. page 51), émet l'hypothèse que l'obélisque érigé en mémoire de Grenup pour avoir servi le quartier huppé de Capitol Hill a éclipsé la tombe modeste d'Anderson, qui était en faction à Georgetown, quartier assez démuni à l'époque. Pourtant, une citation d'un article du Washington Evening Star de 1856 à propos de ses funérailles laisse entendre qu'Anderson n'était pas le premier pompier à mourir en service : « voilà bien longtemps que pareil drame ne s'était produit, les sapeurs-pompiers viendront sans doute assister en masse à la cérémonie ».

SAINT
KATERI TEKAKWITHA

STATUE DE SAINTE KATERI TEKAKWITHA ❸

Basilica of the National Shrine of the Immaculate Conception
Hall of American Saints
400 Michigan Avenue NE
• nationalshrine.com • Tél. : +1 202-526-8300
• Ouvert tous les jours, de 7 h à 19 h en été (1er avril au 31 octobre), de
7 h à 18 h en hiver (1er novembre au 31 mars) ; consulter le site Internet
pour les horaires des visites guidées
• Accès : métro Brookland/CUA (ligne rouge)

> **Le Lys des Mohawks, première sainte amérindienne**

En 1946, Françoise-Xavière Cabrini, naturalisée américaine, fut la première citoyenne des États-Unis à être canonisée par l'Église catholique (cf. New York insolite et secrète, éd. Jonglez). En 1975, Elizabeth Ann Seton fut la première personne sacrée sainte native des États-Unis. Mais il fallut attendre 2012 pour que Kateri Tekakwitha, vivant au XVIIe siècle, devienne la première indigène canonisée. Toutes trois sont immortalisées dans la basilique du sanctuaire national de l'Immaculée Conception. Construite en marbre du Vermont par Dale Lamphere, la sculpture de sainte Kateri est un cadeau du Bureau catholique des missions indiennes.

Née d'un père mohawk et d'une mère algonquine en 1656 au nord de l'État de New York, Kateri Tekawitha commença très jeune son cheminement épique vers la sainteté. Elle fut la seule survivante d'une épidémie de petite vérole qui causa la mort de ses parents et de son frère en 1660. Son visage grêlé conserva à jamais la trace de la maladie et sa vue en fut considérablement affaiblie. Mais elle compensa cette déficience visuelle par une grande acuité spirituelle. Bien qu'elle prît soin d'honorer ses racines mohawks, elle se sentit très vite attirée par la foi chrétienne. D'aucuns prétendent que sa croyance religieuse résultait du syncrétisme de la pratique catholique et des rites iroquois.

Sa famille, méfiante envers les colons qui avaient apporté la petite vérole dans leur région et brûlé leur village lorsque Kateri avait 10 ans, tenta de la tenir à l'écart des missionnaires jésuites propageant l'Évangile. Mais sa foi resta inébranlable et elle fut baptisée le dimanche de Pâques de l'année 1676, recevant le nom de Catherine, prononcé « Kateri », à l'iroquoise. Méprisée par les villageois hostiles au christianisme, elle finit par s'exiler dans un hameau d'Amérindiens chrétiens au Canada, où était implanté le site de la mission Saint-François-Xavier. Elle œuvra pour les malades et les personnes âgées, enseigna la prière aux enfants et s'infligea de dures pénitences, qui furent peut-être à l'origine de sa mort prématurée, le 17 avril 1680. Le prêtre Claude Chauchetière rapporta ses dernières paroles, « Jésus, Marie, je vous aime », et affirma qu'au moment de sa mort, les cicatrices de la petite vérole disparurent et qu'elle retrouva son visage lisse et resplendissant, celui du « Lys des Mohawks ».

Le père Chauchetière se mit alors à prier pour les malades à l'aide des reliques de la défunte, convaincu de leur apporter ainsi la guérison. Kateri fut déclarée vénérable par le pape Pie XII le 3 janvier 1943, béatifiée par Jean-Paul II le 22 juin 1980 et enfin canonisée par Benoît XVI le 21 octobre 2012. Suite à une enquête menée en 2006 après la guérison miraculeuse du jeune Jake Finkbonner, atteint de nécrose causée par des streptocoques du groupe A, le Vatican en conclut à un miracle de l'intervention de Kateri.

MONASTÈRE FRANCISCAIN DE LA TERRE SAINTE EN AMÉRIQUE ❹

Mount Saint Sepulchre
1400 Quincy Street NE
• myfranciscan.org • Tél. : +1 202-526-6800
• Horaires des visites : du lundi au samedi à 10 h, 11 h, 13 h, 14 h et 15 h, dimanche à 13 h, 14 h et 15 h
• Entrée gratuite, les dons sont bienvenus
• Accès : métro Brookland-CUA (ligne rouge), puis 15 minutes à pied ou bus H6 jusqu'à Fort Lincoln

Parc d'attractions sacré de l'Église catholique

L e quartier de Brookland (NE), qui jouxte l'université catholique et la basilique du sanctuaire national de l'Immaculée Conception, présente la plus grande concentration d'institutions catholiques au monde, juste après le Vatican. Cloîtré au sommet d'une colline à l'est de l'université, le mont Saint-Sépulcre abrite le monastère des gardiens de la Terre sainte.

Cette confrérie franciscaine de Washington, constituée en 1897, hébergeait autrefois six moines innovateurs dans une demeure abandonnée, infestée par les rats. Son fondateur, frère Godley, vendit des briques en papier de 6 centimètres sur 12 contenant une médaille de saint Antoine de Padoue, 10 cents pièce, pendant une année, pour financer la construction d'un nouvel édifice. On y trouve aujourd'hui une imitation fidèle de la grotte de Massabielle à Lourdes et des Catacombes de Rome avec ses fresques reproduites à la perfection le long des étroites galeries, ainsi qu'une réplique de sanctuaires de la Terre sainte, pour permettre aux fidèles qui ne peuvent faire de pèlerinage en Palestine de se recueillir à Washington.

Deux saints enterrés à l'origine à Rome reposent dans une crypte sous l'église principale : saint Bénigne et un enfant dont l'inscription funéraire indique en latin « innocent reposant en paix ». Martyrisé par les Romains au début du IIe siècle apr. J.-C. puis canonisé, saint Innocent repose dans un reliquaire en verre, le visage recouvert d'un masque de cire à l'expression tranquille et les mains momifiées entourées de feuilles d'or.

Notre guide jovial ne put s'empêcher de plaisanter au sujet de ses vœux monastiques de pauvreté, obéissance et chasteté, qu'il résuma ainsi : « Pas un radis, pas de chérie et on obéit ! » Dans l'escalier menant aux catacombes, une jeune femme s'écria en toute sincérité : « C'est génial ! Un parc d'attractions sacré pour catholiques ! »

RETRAITES SPIRITUELLES

L'ermitage, simple lieu de retraite, contraste singulièrement avec l'architecture néo-byzantine du monastère. Cette structure moderne, orientée à l'est vers Jérusalem, a été conçue par les étudiants en architecture de l'université catholique. Isolée au milieu d'une clairière boisée, elle invite à la contemplation silencieuse. Le lieu comprend un lit simple, une douche, une kitchenette et une machine à laver, et peut être occupé entre 1 et 7 jours.

TOITURE VÉGÉTALE ET LABYRINTHE DE L'APA ❺

10 G Street NE
- apa.org
- Tél. : +1 202-336-5519
- Entrée gratuite
- Ouvert du lundi au vendredi de 8 h à 17 h
- Accès : métro Union Station (ligne rouge)

> **Le seul labyrinthe sur un toit de Washington**

Le terme « labyrinthe » vous évoquera peut-être la scène terrifiante du film Shining, mais à l'origine, un vrai labyrinthe, tel que celui en pierre de la cathédrale de Chartres, était unicursal, c'est-à-dire que son parcours, de l'entrée au centre, ne comptait pas d'impasse. L'ancienne pratique contemplative consistant à cheminer dans un labyrinthe est revenue à la mode depuis une quinzaine d'années dans les églises, les parcs et les jardins de la métropole. Mais ce labyrinthe perché sur un toit au-dessus du tumulte d'Union Station est le seul spécimen de la région. La terrasse végétalisée de 335 mètres carrés de l'American Psychological Association offre aux visiteurs une oasis insolite, avec vue sur le dôme du Capitole.

Facilement accessible, on peut même s'y asseoir, elle possède quelques tables basses et trois labyrinthes : le premier, pavé, de 12 mètres de diamètre pour une balade méditative, et deux autres, de type digital, à parcourir du bout des doigts, sans trop se fatiguer.

Il s'agit d'un projet de la fondation TKF, chargée de promouvoir les espaces verts afin d'offrir aux habitants des lieux de recueillement, selon le principe que la nature soigne à la fois le corps et l'esprit. Outre leur fonction esthétique, les treillis de glycine ont également un effet rafraîchissant. Les sedums voisins, quant à eux, permettent d'éviter les inondations après les orages, en retenant en moyenne 170 000 litres d'eau de pluie par an.

Selon sa créatrice Lea Goode-Harris, le labyrinthe Santa Rosa à sept cercles

concentriques présente un espace appelé « le cœur » au niveau du quatrième cercle, que l'on peut aborder par tous les côtés. Elle ajoute ainsi que « cela donne une autre dimension à la marche méditative, on porte l'attention sur ce qui nous tient à cœur. Selon moi, c'est le meilleur endroit pour contempler ce qui compte vraiment dans cette ville, qui symbolise l'Amérique tout entière ».

Seuls les employés de l'APA ont droit à des cours de méditation sur la terrasse, mais tout un chacun est libre d'explorer le labyrinthe à sa guise. L'accès au toit se fait par l'ascenseur du bâtiment, situé à droite en entrant dans le hall. Inspirez profondément et recentrez-vous.

LES LABYRINTHES ET LEURS SYMBOLES

Selon la légende, l'un des tout premiers labyrinthes fut construit par Dédale, afin d'enfermer le Minotaure, un monstre qui fut le fruit des amours entre la reine Pasiphaé, épouse de Minos, roi de Crête, et d'un taureau. Selon certains archéologues, les plans complexes du palais de Minos à Cnososos, en Crête, pourraient être à l'origine de la légende.

Seules trois personnes parvinrent à sortir du labyrinthe : Thésée, qui s'était rendu en Crête pour tuer le monstre. Ariane, fille de Minos, tomba amoureuse de lui et lui donna un fil (le célèbre fil d'Ariane) qui lui permit de trouver le chemin du retour. Dédale et son fils Icare en sortirent aussi : Dédale avait été enfermé par Minos dans son propre labyrinthe. Selon certaines versions, Minos voulait l'empêcher de révéler les plans ; mais selon d'autres, il voulait le punir pour avoir donné à Ariane l'idée du fil. Le labyrinthe était de conception tellement parfaite que la seule solution que trouva Dédale pour s'échapper fut de s'élever dans les airs avec l'aide d'ailes en cire et plumes fabriquées par son fils Icare. Même si diverses civilisations ont conçu ou gravé des labyrinthes (les Mésopotamiens, les Indiens Hopi, les Navajo, les Égyptiens...), ceux-ci existent en Europe depuis la préhistoire. Récupérés par la chrétienté, ils se trouvent plus

particulièrement dans les catacombes de Rome, dans la basilique de Saint-Michel-Majeur à Pavie, dans l'église de Saint-Savin à Plaisance (sous la forme d'une mosaïque disparue) et à Lucques, en Italie, ainsi qu'en France, à Chartres et à Reims.

Situé la plupart du temps du côté ouest, la direction d'où viennent les démons (l'ouest est la direction de la mort, là où se couche le soleil), le labyrinthe permet de piéger ceux-ci avant d'arriver au chœur, sachant que ces derniers ne sont censés pouvoir se déplacer qu'en ligne droite.

Son symbolisme relativement complexe renvoie également aux notions du sens de la vie : on peut l'associer à l'homme qui est perdu face à l'Univers, sans savoir où il va et d'où il vient. Le centre du labyrinthe peut également être considéré, après un chemin initiatique nécessaire -même s'il est souvent douloureux et tortueux-, comme le point du salut divin et de la Jérusalem céleste. Pour arriver à ce but, l'envol de Dédale et d'Icare symbolise l'élévation de l'esprit vers la connaissance et de l'âme vers Dieu; l'amour d'Ariane pour Thésée symbolise l'amour pour un autre être; deux moyens qui permettent de sortir de l'absurdité de la condition humaine…

OWNEY, CHIEN DES POSTES   ❻

National Postal Museum
2 Massachusetts Avenue NE
- postalmuseum.si.edu
- Tél. : +1 202-633-5555
- Ouvert tous les jours de 10 h à 17 h 30, fermé le 25 décembre
- Entrée gratuite
- Accès : métro Union Station (ligne rouge)

Attention
chien voyageur

À l'aube du XIXe siècle, un employé postal abandonna un chiot querelleur au bureau de poste d'Albany, dans l'État de New York. Son identité n'est pas identifiée, mais le chien acquit une renommée internationale sous le nom d'« Owney chien des postes », mascotte non officielle du service postal américain, qui édita un timbre en son honneur en 2011.

On l'aperçut pour la première fois en 1888, alors qu'il rôdait autour des sacs de courrier, et on le retrouva parfois même endormi dessus. Dès lors, ce croisé terrier suivit le courrier absolument partout, à bord des malles-poste, puis des wagons postaux dans l'État de New York et enfin à travers tout le pays. Les employés des trains postaux accueillaient volontiers l'animal dans leurs wagons, car sa présence était censée les protéger des accidents ; à une époque où les trains déraillaient fréquemment, jamais il n'y eut d'accident lorsqu'Owney était à bord.

Au cas où il se perdrait, on fit graver « Owney, Post Office, Albany, New York » sur son collier. D'autres médailles furent ajoutées à son collier au gré de ses voyages, comme des étiquettes sur un bagage, et on pouvait les entendre tinter dès que l'animal s'approchait. Au fil du temps, ces souvenirs finirent par peser sur le cou du pauvre animal, et le maître des postes général lui donna un harnais pour répartir leur poids. Mais le nombre de médailles continua d'augmenter et l'on fut obligé de les retirer et de les mettre de côté à Albany.

Lors d'une campagne publicitaire de 1895, le chien fut expédié en recommandé pour faire le tour du monde. Mi-août, il quitta Tacoma, dans l'État de Washington, et embarqua à bord du bateau à vapeur postal Victoria de la compagnie North Pacific vers la Chine et le Japon avec sa couverture, sa brosse et son peigne dans une mallette. Il navigua ensuite vers Shanghai et Singapour à bord du navire britannique Port Phillip, avant de rejoindre Alger par le canal de Suez puis New York, où il reprit le train fin décembre jusqu'à Tacoma.

Le chien perdit peu à peu de sa vitalité et fut rebaptisé « Owney the ornery » (Owney le grognon) ; le 11 juin 1897, il mordit un facteur et fut abattu par un

membre de la police fédérale. Les employés postaux se cotisèrent pour faire empailler leur collègue canidé et envoyèrent sa dépouille au siège social de la Poste à Washington. Transféré à l'Institut Smithsonian en 1911, Owney est exposé dans l'atrium du National Postal Museum, muni de son harnais avec ses nombreuses médailles.

MAISON DE LA FLORIDE

1 2nd Street NE
- floridaembassy.com
- Tél. : +1 202-546-1555
- Ouvert du lundi au vendredi de 9 h à 17 h
- Accès : métro Capitol South (lignes bleue, orange ou grise)

> *Le seul État américain à avoir une ambassade*

Contre toute attente, la demeure victorienne restaurée au coin nord-est de 2nd Street et d'East Capitol Street est antérieure à ses augustes voisines. Au sud-ouest, se trouve le Thomas Jefferson Building de la bibliothèque du Congrès, achevé en 1897. Au sud-est, la bibliothèque Folger Shakespeare date de 1932, et au nord-ouest, la Cour suprême des États-Unis fut bâtie en 1935. Construite en 1891 comme résidence d'Edwin Manning, membre de l'équipe d'architectes de la bibliothèque du Congrès, la demeure abrite aujourd'hui la Maison de la Floride, seul État américain à avoir une ambassade. Qui l'eût cru ?

Lors de leur séjour à Washington à la fin des années 60, la Floridienne Rhea Chiles et sa famille s'égarèrent dans le quartier des ambassades. L'un de ses jeunes enfants conseilla alors : « On n'a qu'à aller à l'ambassade de Floride, ils nous diront où on est. » Quand son mari, Lawton Chiles, devint sénateur en 1972 et qu'ils durent s'installer dans la capitale, Mme Chiles aperçut un panneau « À vendre » devant une maison aux fenêtres condamnées par des planches, au 200 East Capitol Street. La suggestion enfantine lui revint alors à l'esprit et elle décida de créer une ambassade pour représenter son État d'adoption. Elle versa 5 000 $ de sa poche et en emprunta 120 000 à des amis de Floride pour acheter la propriété délabrée, dont elle supervisa la restauration. Elle changea son adresse officielle et fonda la Maison de la Floride au n° 1 de 2nd Street, dans le but d'offrir un lieu d'échange et de détente aux Floridiens en visite dans la capitale.

Plus de quarante ans après, on a toujours une vue splendide sur le dôme du Capitole depuis la fenêtre du second étage, et le vitrail d'origine de l'imposte est encore là, ainsi qu'un miroir doré à la feuille d'or en parfait état, relique de l'héritière du Gilded Age Evalyn Walsh McLean, dont le gendre, le sénateur Robert Rice Reynolds, fut propriétaire de la maison de 1939 à 1950.

Le bâtiment est ouvert à tous ; venez profiter de l'hospitalité du sud, déguster un verre de jus d'orange de Floride et explorer les pièces meublées grâce aux dons de nombreux Floridiens, où sont exposées les œuvres d'artistes de « l'État du soleil ».

THE HIGHWAYMEN

La Maison de la Floride expose en permanence différentes œuvres de The Highwayme, un groupe de 26 peintres afro-américains autodidactes qui ont réalisé plus de 200 000 œuvres de folk art depuis les années 60. Leurs paysages rendent compte de l'évolution des environs de la route US Highway 1 en Floride.

UNIVERSITÉ GALLAUDET ❽

800 Florida Avenue NE
• gallaudet.edu • Tél. : +1 202-651-5000
• Horaires : visites guidées d'une heure en langue des signes américaine deux fois par jour, lundi, mercredi et vendredi à 10 h 15 et 14 h 15 ; mardi et jeudi à 9 h 15 et 14 h 15 ; les visites doivent être réservées 2 semaines à l'avance ; il est possible de faire appel à un interprète, mais sans garantie ; plans disponibles au centre d'accueil pour les visites individuelles • Accès : métro NoMa-Gallaudet U (ligne rouge)

> *Une tactique de football américain inventée par les sourds et malentendants*

Première école au monde destinée aux sourds et malentendants, l'université Gallaudet a notamment abrité la naissance du huddle, rassemblement tactique des équipes de sport américain sur le terrain, pratiqué aussi bien par les sourds que par les entendants.

Formée pour la première fois en septembre 1883, l'équipe de football américain de l'université Gallaudet est l'une des plus anciennes aux États-Unis. Les Gallaudet Kendalls (du nom du fondateur de l'université, Amos Kendall) remportèrent tous leurs matches contre les équipes de football locales, jusqu'à leur défaite, en 1890, face à Georgetown University. À partir de 1892, le Kansan Paul Hubbard joua au poste de quarterback dans l'équipe. Il remarqua que ses signes pouvaient être vus par l'équipe adverse pendant l'entraînement et rassembla les joueurs de sa ligne offensive en cercle autour de lui pour cacher ses gestes. Il finit par employer cette même tactique lors des rencontres officielles.

Cette célèbre formation en cercle se révéla également utile aux joueurs entendants, en leur permettant d'écouter les conseils du quarterback sans être gênés par le bruit des tribunes. Le huddle devint rapidement à la mode et fut utilisé aussi bien lors des rencontres universitaires que par les équipes professionnelles américaines, et il est aujourd'hui intégré à d'autres sports d'équipe à travers le monde, tels que le cricket, le football ou encore le football australien.

L'équipe de Gallaudet changea plusieurs fois de nom au fil du temps et finit par prendre pour mascotte un bison, animal à la fois puissant et rapide. Dans la « Bison Zone » se trouve le Gallaudet Athletics Hall of Fame, un mur érigé en l'honneur des prouesses des athlètes de l'université Gallaudet, de Paul Hubbard au XIXe siècle à Kathryn A. Baldridge, coach de l'équipe féminine de basket au XXIe siècle.

LA GROSSE CAISSE DES BISONS

Depuis 1970, une grosse caisse est placée sur la ligne de touche à l'intention du quarterback. Montée sur roulettes, elle est déplacée jusqu'à la ligne de mêlée et frappée par un manager pour marquer les secondes, dont les joueurs malentendants perçoivent les vibrations. Bien que l'équipe utilise à présent un système de décompte silencieux, la grosse caisse emblématique est toujours présente sur le terrain.

VISITES-DÉGUSTATIONS DU SAMEDI AU NEW ❾ COLUMBIA DISTILLERS

1832 Fenwick Street NE
- greenhatgin.com
- Tél. : +1 202-733-1710
- Horaires d'ouverture : boutique ouverte du lundi au vendredi de 9 h à 17 h, dégustation gratuite, vente et visites le samedi de 13 h à 16 h
- Accès : métro NoMa-Gallaudet U (ligne rouge)

Michael Lowe et son gendre John Uselton baptisèrent le premier produit de leur distillerie « Green Hat Gin », en souvenir du célèbre fournisseur d'alcool du Congrès à l'époque de la Prohibition, surnommé « l'homme au chapeau vert ». À la fin de leur formation auprès d'un artisan

> *Première distillerie de Washington après la Prohibition*

distillateur de la côte ouest, les entrepreneurs s'établirent en 2011 dans le quartier industriel en reconversion d'Ivy City, dans un magasin datant des années 20, près de l'entrepôt de style Art déco de la Hecht Company. Bien que la ville de Washington regorge de brasseries artisanales, cette entreprise familiale est la première distillerie à avoir ouvert en plus d'un siècle. Outre la production de gin, leur spécialité, la maison se tourne à présent vers le whisky de seigle.

Tous les samedis, des visites de cette petite distillerie sont organisées pour permettre aux intéressés d'observer les différentes étapes de fabrication, dont l'alambic en cuivre reste l'élément central. Un distillateur explique avec enthousiasme le processus de création artisanale de leur alcool onctueux légèrement aromatisé aux baies de genévrier ; une fois le grain moulu et brassé, le moût est mis à fermenter, puis décanté, distillé, infusé, filtré à froid et enfin mis en bouteille. Les visiteurs sont invités à respirer l'arôme des extraits de plantes utilisés dans la préparation unique du gin, avant de conclure cette expérience sensorielle par une dégustation.

L'HOMME AU CHAPEAU VERT

Pendant dix ans, George Cassiday, ce vétéran de la Première Guerre mondiale au chapeau vert, fut le fournisseur clandestin de spiritueux auprès de quatre membres du Congrès sur cinq, y compris parmi ceux en faveur de la Prohibition. De 1920 à 1925, il sortit en moyenne 25 bouteilles par jour du sous-sol du Cannon House Office Building, avant d'être arrêté par la police du Capitole. Le ravitailleur de gnôle du Congrès se tourna alors du côté du Sénat, et continua ses livraisons illégales dans une mallette en cuir pendant cinq ans. Un agent fédéral abstinent, surnommé le « Dry Spy », réussit à le coincer en 1930 suite à la saisie de 250 litres d'alcool à son domicile. Condamné à 18 mois de prison, l'homme signait le registre de sortie chaque soir et revenait le matin. Il raconta ses exploits de contrebandier dans un feuilleton du Washington Post intitulé « L'homme au chapeau vert », et dénonça notamment l'hypocrisie du Congrès (sans citer de noms), qui finit par abroger la loi.

MUSÉE NATIONAL DU BONSAÏ ET DU PENJING ❿

US National Arboretum
3501 New York Avenue NE
• bonsai-nbf.org
• Tél. : +1 202-245-2726
• Ouvert tous les jours de 10 h à 16 h
• Accès : métro Stadium Armory (lignes bleue, orange ou grise), puis
Metrobus B2 ; descendre sur Bladensburg Road au niveau de Rand
Street, juste après le panneau de l'Arboretum, puis revenir en arrière
jusqu'à R Street, tourner à gauche et marcher 300 mètres jusqu'à
l'entrée de l'Arboretum

> *Une culture mêlant art et longévité*

Parmi les trésors de ce remarquable Arboretum encore méconnu se trouve une collection d'arbres cultivés selon l'art japonais du *bonsai* (盆栽), « planté dans un pot », et son ancêtre chinois moins célèbre, le *penjing* (盆景), « paysage en pot » (qui remonte à la dynastie Jin 265-420). Ces arbres miniatures ne sont pas des nains génétiques, mais plutôt des œuvres d'art réalisées en collaboration avec la nature, habilement cultivées de façon à en limiter la taille et à en modifier la forme, selon une pratique respectueuse. Certains semblent battus par le vent ou incroyablement tordus, d'autres se dressent, stoïques, vers le ciel. On éprouve une certaine sérénité à se déplacer entre les futaies miniatures du musée en plein air.

En 1972, la Chine fit don de 8 penjings au président Richard Nixon. À la fin de son mandat, les arbres furent transférés à l'Arboretum du parc national, qui n'abritait alors rien de semblable. En 1976, le Japon offrit à son tour 53 bonsaïs pour le bicentenaire des États-Unis. Ces cadeaux constituent le point de départ de la collection du musée national du Bonsaï et du Penjing. Son plus vieux spécimen, un pin blanc du Japon, est cultivé depuis 1626 ; il a survécu à la fois au bombardement de Hiroshima le 6 août 1945 et au vol transpacifique jusqu'en Amérique quelque trente ans plus tard. Dans les années 80, le collectionneur de Hong Kong Dr. Yee-sun Wu fit cadeau de plusieurs penjings, rééquilibrant ainsi les collections d'arbres des pavillons chinois et japonais. Dans un troisième pavillon, le Pavillon nord-américain John Y. Naka, on peut admirer l'œuvre de l'horticulteur nippo-américain, Goshin, une remarquable forêt de genévriers en pot, ainsi que 62 autres arbres travaillés par des cultivateurs américains. Cadeau de Jack B. Douthitt, le robuste genévrier commun ci-contre date de 1980.

À la différence du bonsaï, le penjing intègre souvent d'autres éléments à son paysage arboré. Parfois, des pierres naturelles sont utilisées pour suggérer une chaîne de montagnes ou toute autre formation rocheuse. Disséminés dans les différentes collections, on peut notamment en voir dans le Pavillon international aux côtés de compositions florales japonaises, appelées ikebana. Spring Rain est un penjing composé de pierre Qi de la province chinoise de Jiangsu, offert par le Jardin botanique de Shanghai.

LES COLONNES DU CAPITOLE

US National Arboretum Ellipse Meadow
3501 New York Avenue NE
• usna.usda.gov
• Tél. : +1 202-245-2726
• Ouvert tous les jours de 8 h à 17 h sauf le 25 décembre
• Accès : métro Stadium Armory (lignes bleue, orange ou grise), puis
Metrobus B2 ; descendre sur Bladensburg Road au niveau de Rand
Street, juste après le panneau de l'Arboretum puis revenir en arrière
jusqu'à R Street, tourner à gauche et marcher 300 mètres jusqu'à
l'entrée de l'Arboretum

Majestueusement dressées au-dessus d'un tertre de l'Arboretum, les colonnes du Capitole évoquent les ruines du temple de Poséidon, en Grèce. Ces

Des airs d'acropole

colonnes corinthiennes, dont le grès fut extrait d'une carrière d'Aquia Creek en 1828 par des esclaves, soutenaient autrefois le portique oriental du Capitole des États-Unis et servirent de cadre à la cérémonie d'investiture de nombreux présidents américains. Vous vous demandez sans doute comment ces vestiges architecturaux des années 1880 ont bien pu atterrir dans une prairie de 8 hectares du nord-est de Washington. En 1958, la façade est du Capitole fut surélevée pour rétablir l'harmonie du bâtiment déséquilibrée par le dôme, qui paraissait disproportionné par rapport au soubassement, et l'on remplaça les colonnes de grès poreux par une réplique en marbre italien.

Ce n'est ensuite qu'en 1984, grâce aux efforts d'Ethel Garrett, la bienfaitrice de l'Arboretum, que les colonnes furent restaurées et transférées à Ellipse Meadow, sur les instances du célèbre paysager britannique Russell Page. Sur l'esplanade en pierre, conçue à partir des anciennes marches de la façade orientale du Capitole, on peut lire le nom de tous ceux qui ont contribué à ce projet de 2 millions de dollars. En dessous, un ruisselet coule le long de l'escalier pour alimenter un immense bassin, où les canards colverts nagent entre les reflets des colonnes.

De l'autre côté du champ, le chapiteau corinthien d'une colonne, orné des traditionnelles feuilles d'acanthe, a été placé sur un piédestal pour permettre aux visiteurs d'examiner le détail sculpté dans la pierre au XIXe siècle, au moment de la création du gigantesque portique. On peut apercevoir un autre chapiteau corinthien gisant de travers sur le sol, comme s'il venait tout juste de s'effondrer. Parmi les 24 colonnes d'origine du Capitole, 22 sont érigées dans ce champ. Les deux dernières, brisées en deux et privées de base et de chapiteau, et dont seule la surface striée rappelle leur grandeur passée, reposent au sommet du mont Hamilton, au pied de la collection d'azalées.

LES APPARTEMENTS DE LANGSTON TERRACE 🄓

21st et G Street NE, près de Benning Road
• Accès : métro Stadium/Armory (lignes bleue, orange ou grise)

> *Les premiers logements sociaux de Washington financés par l'État fédéral*

En 1934, une pénurie de logements dans la capitale laissa peu d'alternatives aux personnes disposant de ressources limitées. Les chômeurs étaient bien souvent condamnés à vivre dans des habitations sordides et les travailleurs à faibles revenus, guère mieux lotis, s'entassaient dans des chambres ou des appartements miteux, selon leurs moyens. L'Alley Dwelling Authority mit en place un plan d'aménagement urbain sur dix ans visant à la résorption des taudis insalubres et le relogement des personnes concernées. Dans le cadre de la politique du New Deal du président Roosevelt, l'Agence des travaux publics créa des logements abordables à Kingman Park à l'intention des familles « de couleur » à faibles revenus.

L'ensemble Kingman Terrace fut renommé « Langston Terrace » en l'honneur de John Mercer Langston, représentant de l'État de Virginie au Congrès pendant la Reconstruction, fondateur et doyen de la faculté de droit de Howard University, et grand-oncle du poète Langston Hughes. Érigé par des ouvriers majoritairement noirs, le lotissement fut conçu selon une approche multiculturelle par l'architecte afro-américain natif de Washington Hilyard Robinson.

Pour sa conception, l'architecte s'inspira du Style international, qu'il avait étudié en Allemagne, et, de façon plus symbolique, de ses aspirations en matière de progrès social. La fresque en terre cuite sculptée par l'artiste Daniel G. Olney au-dessus du porche, The Progress of the Negro Race, reflète cet idéal en représentant différentes scènes de l'histoire des Noirs américains.

L'emplacement choisi pour héberger ce projet de logements sociaux, le premier du genre dans la capitale, était idéal. L'ensemble, surplombant le lac Kingman et la rivière Anacostia, se situait à la fois tout près d'une artère principale et des transports en commun, dans un quartier abritant plusieurs écoles noires.

Les familles installées dans les 274 appartements formaient une communauté particulièrement soudée. Elles cultivaient les jardins, faisaient leurs courses ensemble, fondèrent une coopérative de crédit, ouvrirent une bibliothèque dans la buanderie, créèrent un labo photo et, à une époque où les patinoires de la ville étaient réservées aux Blancs, elles en improvisaient une dans la cour chaque hiver.

Un an après la création de Langston Terrace, les 25 nourrissons nés dans l'année étaient tous en parfaite santé. Le 7 mai 1939, The Evening Star publia un article vantant le succès du lotissement, au vu des taux de mortalité infantile parmi les familles noires de Washington.

Dans son livre Childtimes : A Three-Generation Memoir, Eloise Greenfield, auteur prolifique pour la jeunesse, raconte son enfance heureuse à Langston pendant la Grande Dépression

PARC ET JARDINS AQUATIQUES DE KENILWORTH

1550 Anacostia Avenue NE
- nps.gov/keaq • Tél. : +1 202-426-6905
- Ouvert tous les jours de 8 h à 16 h en hiver (1er novembre-31 mars) et de 9 h à 17 h en été (1er avril-31 octobre), fermé à Thanksgiving, le 25 décembre et le 1er janvier
- Accès : métro Deanwood (ligne orange), suivre la sortie Polk Street puis prendre la passerelle au-dessus de Kenilworth Avenue et tourner aussitôt à gauche dans Douglas Street, au bout de la rue, tourner à droite dans Anacostia Avenue jusqu'à l'une des entrées du parc (12 minutes à pied environ)

> *Une oasis hors des sentiers battus*

À cause de ses étés affreusement humides, la région de Washington est souvent considérée, à tort, comme une ancienne zone marécageuse. Mais il y a tout de même bien une histoire de marais quelque part. Le dernier spécimen de marais d'eau douce s'étend à l'est de la rivière Anacostia, dans le parc de Kenilworth. Seul parc de cette sorte à être géré par le National Park Service, il abrite une collection impressionnante de faune et flore des marais et sert notamment d'habitat à plus de 75 espèces d'oiseaux. Vous trouverez toutes les informations concernant les saisons d'observation de chaque espèce sur le site du NPS. Si vous avez des questions, les gardiens du parc se feront un plaisir de vous renseigner.

Chaque saison apporte son lot de merveilles. En hiver, les arbres nus facilitent l'observation des oiseaux, et l'on peut apercevoir des loutres, des visons et même des renards. Le printemps marque le retour d'une nature verdoyante et des trilles des oiseaux ; les castors se remettent à construire leurs barrages. L'été, quant à lui, est la saison incroyable des fleurs aquatiques : les nénuphars fleurissent en juin et, au mois de juillet, les fleurs de lotus s'ouvrent vers le ciel. Et lorsque le jardin se pare de couleurs automnales, l'oie et le chevreuil sortent de leurs cachettes, le riz sauvage arrive à maturité, les lotus disséminent leurs graines dans les étangs et les massettes duveteuses libèrent leur pollen pour un nouveau cycle.

Ce parc est l'héritage du travail d'un vétéran manchot de la guerre de Sécession, Walter B. Shaw, et de l'instinct visionnaire de sa fille veuve, Helen Shaw Fowler. Après s'être installé sur un terrain marécageux de la banlieue florissante de Washington, Walter B. Shaw planta 12 nénuphars de son État du Maine. Il devint un fervent jardinier et décida d'ouvrir un parc, le Shaw's Lily Ponds, pour faire découvrir au public son remarquable assortiment de fleurs.

Formée à l'école d'art Corcoran, Helen peignit de superbes aquarelles florales. Elle fut la première femme de Washington à obtenir son permis poids lourds et en profita pour livrer des plantes. Le commerce prospéra rapidement sous son influence ; elle ajouta des lotus bleus du Nil et des nénuphars géants à leur collection et ouvrit le jardin aux pique-niqueurs du dimanche, moyennant un droit d'entrée. L'endroit devint très en vogue parmi les élites, et accueillit même trois présidents. Après le décès de son père en 1921, Helen dut se battre pour préserver les jardins du dragage intempestif des rivières. Le département de l'Intérieur racheta le terrain en 1938 pour en faire un jardin public, mais Helen continua d'y vivre jusqu'à sa mort, en 1950.

Ce trésor méconnu du public, avec ses promenades autour des étangs et son parcours d'observation des marais, mérite vraiment le détour. Mais n'oubliez pas qu'il s'agit d'une zone humide et qu'elle peut devenir boueuse, portez des chaussures fermées. Pour admirer les fleurs estivales, il vaut mieux visiter le parc de bonne heure, avant que les fleurs ne se referment à cause de la chaleur.

MARVIN GAYE PARK

Minnesota et Nannie Helen Burroughs Avenues NE
• Accès : métro Deanwood (ligne orange)

> *Le berceau de la carrière de Marvin Gaye*

Pendant son adolescence, Marvin Gay Jr. venait souvent s'asseoir sur les berges de Watts Branch, le plus grand affluent de la rivière Anacostia, pour chanter et rêvasser. Il donna un de ses premiers concerts au Barnett's Crystal Lounge (aujourd'hui le Riverside Center), au croisement de Foote Street et de Division Avenue. Il vivait alors dans un logement social d'East Capitol Dwellings et forma un groupe de doo-wop avec ses camarades de Cardozo High School, The D.C. Tones, qui deviendra plus tard The Marquees. Bo Diddley, qui résidait non loin de là, eut vent de ces jeunes talents et les escorta à New York pour enregistrer Wyatt Earp, le tout premier single de la future star du R & B. Dès lors, Marvin orthographia son nom avec un « e ».

À partir des années 70, Watts Branch Park, qui était géré auparavant par l'État fédéral, fut placé sous juridiction municipale et connut alors une période de déclin, faute de budget. La chanson phare de Marvin Gaye, Mercy, Mercy Me (The Ecology), apparaissait alors comme un parfait hymne au changement. Le parc où l'artiste, aujourd'hui décédé, composa ses premières chansons, fut renommé en son honneur en 2006, à la suite d'un important projet de réaménagement visant à restaurer la beauté naturelle du site, longtemps négligé. La National Recreational Parks Association et Washington Parks & People firent appel à des bénévoles pour évacuer plusieurs milliers de tonnes de déchets, dont 78 voitures abandonnées et quelques milliers d'aiguilles hypodermiques, de la clairière, surnommée autrefois le « parc des seringues ». Plus d'un millier d'arbres d'espèces locales ont été replantés depuis dans ce quartier en transition à l'avenir prometteur.

Un immense médaillon en mosaïque fut érigé dans le parc en 2010 par G. Byron Peck et six de ses jeunes assistants à l'effigie de Marvin Gaye, tel qu'il apparaît sur la pochette du légendaire album What's Going On. De même, la prairie fleurie de 3 hectares, inaugurée le 18 mai 1966 par l'ancienne Première dame des États-Unis, « Lady Bird » Johnson, dans le cadre du projet d'embellissement de la ville, porte son nom.

LA MAISON DE BO DIDDLEY

Le célèbre chanteur Ellas McDaniel, dit « Bo Diddley », aimait tout particulièrement le quartier du Howard Theatre et acheta une maison au 2614 Rhode Island Avenue NE. Il y vécut de la fin des années 50 au milieu des années 60 et installa un studio dans la cave, où il enregistra son album Bo Diddley is a Gunslinger ; il encourageait également les jeunes artistes des établissements du quartier tels que Cardoso, Roosevelt et Armstrong High School, qui l'accompagnaient parfois sur ses enregistrements.

LE QUARTIER HISTORIQUE DE DEANWOOD

Emplacement de l'ancienne Nannie Helen Burroughs School
601 50th Street NE
• Accès : métro Benning Road (lignes bleue ou grise)

L'école de l'impossible

Lorsque l'Écossais Ninian Beall fut envoyé en exil en Amérique, les berges de la rivière Anacostia étaient peuplées par la tribu nacotchtank, qui y pêchait, chassait et faisait du commerce. Quelques décennies plus tard, il était cependant devenu l'un des plus grands propriétaires terriens de la région de Washington et possédait notamment des terres (et des esclaves) au nord-est de la ville. Certaines artères de cette zone portent le nom des familles européennes qui se partagèrent le secteur à la fin du XVIIIe et au début du XIXe siècle : Benning Road, Sheriff Road, etc. Julian W. Dean baptisa ainsi son terrain « Deanewood ».

En raison de son emplacement stratégique loin des magnats de l'immobilier de la zone nord-ouest, Deanwood, l'un des quartiers les plus à l'est du district, attira de nombreux esclaves affranchis, qui pouvaient acheter un terrain et faire construire leur maison à moindre coût dans ce secteur semi-urbain. Kia Chatmon, présidente du Deanwood History Committee, raconte l'histoire de sa communauté, longtemps autosuffisante : « Les premiers résidents étaient des artisans dévoués, des entrepreneurs et des responsables municipaux qui s'assuraient que la communauté ne manque de rien. » Les petites entreprises du quartier prospéraient.

En 1909, lorsque Nannie Helen Burroughs se vit refuser un poste d'enseignement pour motif raciste, elle fonda une école professionnelle pour femmes, à l'âge de 26 ans. Sa devise : « L'école de l'impossible ». L'établissement, situé en haut d'une colline surplombant la ville, était une vraie source d'inspiration. Elle était persuadée que le fait de donner aux

femmes de couleur une éducation, une formation professionnelle et le droit de vote contribuerait à leur responsabilisation. Chaque étudiante devait passer un examen d'histoire afro-américaine pour obtenir son diplôme.

En 1921, l'architecte H.D. Woodson et John Paynter, dont les ancêtres esclaves avaient tenté de s'enfuir à bord du Pearl (cf. page 244), ouvrirent les Suburban Gardens au coin de Hayes Street et de 50th Street NE. Ce parc d'attractions – le seul construit à ce jour dans la capitale – était aussi ouvert aux Afro-américains, contrairement au Glen Echo Park de l'État du Maryland, très en vogue à l'époque.

EMPOWERHOUSE : LA PREMIÈRE MAISON PASSIVE DE WASHINGTON
Deux familles monoparentales ont uni leurs forces pour construire une maison économique à faible consommation énergétique, fonctionnant à l'énergie solaire. La façade moderne comprend une terrasse couverte, clin d'œil à l'architecture traditionnelle. Mme Burroughs en serait sûrement très fière (4642 Gault Place NE).

SUD-OUEST

INSCRIPTIONS « *KILROY WAS HERE* » ❶

National World War II Memorial
1750 Independence Avenue SW
• nps.gov/wwii • Tél. : +1 202-426-6841
• Ouvert 24 h/24 ; des guides sont disponibles tous les jours pour répondre aux questions de 9 h 30 à 22 h et donnent des explications toute la journée et sur demande
• Accès : métro Smithsonian (lignes bleue, orange ou grise)

Mascotte de la Seconde Guerre mondiale

Quelque part au milieu de l'immense mémorial de la Seconde Guerre mondiale en granite et en bronze se cachent deux inscriptions identiques, qui immortalisent le graffiti des Alliés, omniprésent pendant la guerre, « KILROY WAS HERE » (Kilroy était ici). Elles complètent ce monument solennel aux victimes de la guerre la plus meurtrière de l'histoire des États-Unis par un symbole culturel plus amusant, faisant référence au passage des Alliés.

Reste à savoir comment « Kilroy » a pu devenir une mascotte durant la Seconde Guerre mondiale, et la plupart des avis s'accordent à donner foi à un article du New York Times de 1946. James J. Kilroy, inspecteur de navires au chantier naval Fore River de Quincy (Massachusetts), notait consciencieusement la date de son passage à la craie. Quand il se rendit compte que les chiffres s'effaçaient facilement, il décida d'écrire « Kilroy was here » à la place pour signaler que la vérification avait été faite. Mais le chantier naval était dans une telle effervescence que l'on oublia d'effacer la signature de Kilroy sur les navires prêts à partir. La légende de Kilroy prit alors une autre dimension et les GI se mirent à reproduire le graffiti de l'inspecteur à chaque escale, pour laisser une trace du passage des forces alliées. L'engouement pour « Kilroy » fut tel que l'on retrouva le légendaire graffiti aussi bien en Europe qu'en Asie et en Afrique. Le personnage caché derrière un mur qui l'accompagne est né de l'association de la phrase « Kilroy was here » et d'un dessin alors à la mode au Royaume-Uni, « Mr Chad ».

En 1946, la radio lança un appel pour identifier le « vrai » Kilroy et 40 personnes se présentèrent. C'est James Kilroy, dont le récit fut confirmé par d'autres employés du chantier naval, qui remporta le grand prix et reçut un tramway de 12 mètres de long de la part de l'American Transit Association. Cadeau utile, qui lui permit d'agrandir son logement et de vivre moins à l'étroit avec sa famille nombreuse de 9 enfants.

OÙ EST KILROY ?

Si vous souhaitez découvrir « Kilroy » tout seul, ne lisez surtout pas la suite. Sinon, dirigez-vous vers le mur aux étoiles et cherchez la colonne des États du Delaware et de Pennsylvanie, situés de part et d'autre du mur. Le petit personnage se cache derrière ces deux colonnes.

AIR MAIL

THE WORLD'S FIRST AIRPLANE MAIL TO BE OPERATED
AS A CONTINUOUSLY SCHEDULED PUBLIC SERVICE
STARTED FROM THIS FIELD MAY 15, 1918

THE ROUTE CONNECTED WASHINGTON, PHILADELPHIA,
AND NEW YORK. CURTISS JN 4 H AIRPLANES WITH A
CAPACITY OF 150 POUNDS OF MAIL FLEW THE 230 MILES
IN ABOUT THREE HOURS.

THE SERVICE WAS INAUGURATED BY THE POST OFFICE
DEPARTMENT IN COOPERATION WITH THE AVIATION SECTION
OF THE SIGNAL CORPS OF THE U. S. ARMY. ON AUGUST 12, 1918,
THE SERVICE WAS TAKEN OVER IN ITS ENTIRETY BY THE
POST OFFICE DEPARTMENT.

THIS MARKER WAS ERECTED BY
THE AERO CLUB OF WASHINGTON
ON THE FORTIETH ANNIVERSARY
MAY 15, 1958

PLAQUE COMMÉMORANT LA CRÉATION DE L'US AIRMAIL ❷

Ohio et West Basin Drives SW
• Accès : métro Smithsonian (lignes bleue, orange ou grise), puis 15 minutes à pied

Dans un coin dégagé de West Potomac Park, un curieux petit rocher surplombe le Boundary Channel. Orné d'une plaque commémorative, il indique le point de départ de la première ligne régulière du service postal aérien des États-Unis, le 15

> *Suivez la ligne de chemin de fer*

mai 1918, sept ans après l'inauguration, au Royaume-Uni, de la première liaison aéropostale au monde.

De nombreuses personnalités assistèrent au décollage, parmi lesquelles le président Woodrow Wilson, le maître des postes général Albert S. Burleson, ainsi qu'une foule de fonctionnaires fédéraux, dont Franklin D. Roosevelt, alors secrétaire adjoint à la Marine. Deux pilotes de l'US Army Signal Corps, l'un au départ du stade Polo Grounds de Washington et l'autre de Belmont Park à New York, étaient censés se rejoindre à Philadelphie à bord de leurs avions biplans Curtiss Jenny pour échanger leur courrier et inaugurer ainsi la ligne aéropostale Washington-Philadelphie-New York.

Grâce à ses relations, l'aviateur inexpérimenté George Boyle hérita de la noble mission de piloter l'avion au départ de Washington. Salué par le président Wilson, il se vit offrir une montre par la Hamilton Watch Company et l'organisateur, Reuben Fleet, lui donna une carte ainsi que le conseil suivant : « Suivez la ligne de chemin de fer ».

Prêt à décoller avec ses 50 kg de courrier, l'avion fut cependant retardé, car son réservoir était vide. Des mécaniciens firent le plein et Boyle décolla à 11 h 47. Désorienté, celui-ci suivit la ligne de chemin de fer dans le mauvais sens. À peine 18 minutes plus tard, il atterrit en catastrophe dans un champ au sud de Washington, et l'hélice se brisa. Les autorités dépêchèrent un camion pour venir en aide au pilote et récupérer le courrier, qui ne parviendra à New York, via Philadelphie, que le jour suivant. Toutefois, son collègue de la ligne New York-Philadelphie, Torrey Webb, mena à bien sa mission et réalisa ainsi le premier vol du service postal aérien des États-Unis.

Trois jours plus tard, Boyle retenta sa chance et décolla en direction de Philadelphie, mais il dévia de nouveau de son cap et s'écrasa sur le terrain de golf du Philadelphia Country Club. Il en sortit fort heureusement indemne et le courrier fut acheminé en train vers New York, mais on le démit aussitôt de ses fonctions.

URNE DE L'AMITIÉ AMÉRICANO-CUBAINE ❸

East Potomac Park
Ohio Drive SW, près du Inlet Bridge
• Accès : métro L'Enfant Plaza (lignes verte, jaune, bleue, orange ou grise), prendre la sortie 9th and D Streets SW, marcher jusqu'au parc Benjamin Banneker et prendre la passerelle ; ou métro Smithsonian (lignes bleue, orange ou grise) et prendre le pont East Basin Drive Bridge

Ce monument obscur érigé sur une route peu passante n'est pas une urne funéraire, il abrite seulement une histoire empreinte de mystère, d'entente et de mésentente, ainsi que d'intentions contradictoires. Le réceptacle en marbre a été installé à différents endroits de la ville depuis sa création à La Havane, avant d'atterrir au sud du Tidal Basin, près du Inlet Bridge dans l'East Potomac Park.

> *En souvenir du Maine, de l'indépendance de Cuba et de la fin de l'entente*

En janvier 1898, alors que les tensions s'accentuaient au sujet d'une possible intervention dans le conflit pour libérer Cuba du joug espagnol, le président McKinley envoya le cuirassé USS Maine en détachement à La Havane afin de protéger les Américains et leurs intérêts. Le 15 février, le navire explosa mystérieusement et sombra, entraînant la mort de 226 personnes, soit plus de la moitié de l'équipage. Beaucoup y virent les représailles de l'Espagne contre les États-Unis pour leur soutien à l'indépendance cubaine, mais l'enquête ne put déterminer la cause de l'explosion. Des articles de journaux virulents attisèrent la colère des citoyens. Le slogan « Remember the Maine, to Hell with Spain » (Souvenez-vous du Maine, Mort à l'Espagne) devint un cri de ralliement au moment du déclenchement de la guerre hispano-américaine, qui se solda par la libération de Cuba.

En 1925, on érigea une colonne surmontée d'un aigle en bronze sur la promenade Malecón de La Havane en hommage aux victimes du naufrage. Mais l'année suivante, le monument fut détruit par un ouragan et l'on construisit une urne commémorative à partir des débris ; un aigle aux ailes déployées y est sculpté et deux personnages néoclassiques se tiennent la main au-dessus du navire en train de couler. Le monument porte une inscription en espagnol : « Le souvenir du Maine soudera pour les siècles à venir l'amitié entre la population de Cuba et celle des États-Unis d'Amérique. »

En janvier 1928, le président Coolidge prononça le discours d'ouverture de la Conférence panaméricaine tenue à La Havane, trente ans après l'arrivée fatidique de l'USS Maine sur la côte cubaine. Symbole d'amitié, cette urne fut offerte aux États-Unis par la République cubaine en remerciement de leur soutien. Elle fut installée au milieu des roses du West Potomac Park dès le mois de mai, avant d'être déplacée en 1947 pour la construction du 14th Street Bridge.

Elle aurait alors été transférée devant l'ambassade de Cuba jusqu'à ce que les relations diplomatiques américano-cubaines s'enveniment en 1961. Selon les registres du National Park Service (NPS), l'urne fut mise au débarras en 1963, mais des photos anonymes permirent de la retrouver en 1996 près de l'ancien siège du NPS. Réhabilitée pour le centenaire du naufrage de l'USS Maine, elle a de nouveau sombré dans l'oubli depuis.

LE BIDON DE LAIT D'*ONEG SHABBAT* ❹

United States Holocaust Memorial Museum
100 Raoul Wallenberg Place SW
• ushmm.org • Tél. : + 1 202-488-0400
• Ouvert tous les jours sauf à Yom Kippour et à Noël, de 10 h à 17 h 20 ; de mars à août, réservation obligatoire pour l'exposition permanente
• Entrée gratuite
• Accès : métro Smithsonian (lignes bleue, grise ou orange)

Un bidon de lait rouillé déterré le 1er janvier 1950 au 58 ulica Nowolipki à Varsovie révéla l'emplacement de la deuxième série de documents dissimulés par les Juifs du ghetto de Varsovie sous l'occupation nazie. Aujourd'hui, ce bidon ainsi qu'une reproduction du mur du ghetto sont exposés au deuxième étage du United States Holocaust Memorial Museum.

Archives secrètes du ghetto de Varsovie

En octobre 1939, l'historien Emanuel Ringelblum entreprit de faire la chronique de la vie au ghetto, convaincu que la vérité finirait par être dévoilée. Son initiative donna naissance à un véritable mouvement de résistance, œuvrant dans le but de laisser une trace du quotidien des Juifs dans la Pologne occupée. Ces précieux documents, désignés par l'expression codée Oneg Shabbat, « Joie du Shabbat », en référence aux réunions clandestines organisées le jour du Shabbat, témoignent de leur vie culturelle et spirituelle particulièrement riche malgré la faim, la promiscuité et la menace constante. En 1942, les responsables du mouvement avaient déjà réuni une quantité impressionnante de journaux, d'affiches, de photos, de lettres et d'extraits de réunions pour leur recueil de 2 000 pages intitulé Deux ans et demi (durée de l'occupation allemande à cette date). Des affiches de concerts symphoniques révèlent l'admirable persévérance de leur activité culturelle, tandis que les tickets de rationnement de 189 calories par jour attestent de la cruelle malnutrition dont souffraient, hélas, tous les habitants.

Les témoignages étaient ensuite enfermés dans de vulgaires boîtes en métal ou bidons de lait, avant d'être enterrés dans le sol des abris antiaériens des bâtiments publics. Le premier fut enfoui sous une école de la rue Nowolipki, le 3 août 1942. Le deuxième fut enterré au même endroit en février 1943 et le dernier au 34 ulica Świętojerska, le 18 avril 1943, la veille du soulèvement du ghetto de Varsovie.

Ringelblum parvint à s'enfuir avec ses proches en mars 1943, mais il revint au ghetto pour célébrer la Pâque juive et fut alors envoyé au camp de travail de Trawniki. Il s'échappa une nouvelle fois et retourna se cacher avec les siens, avant d'être capturé parmi tant d'autres et exécuté au milieu des ruines du ghetto un an plus tard.

Deux survivants du mouvement Oneg Shabbat réussirent à identifier l'emplacement de la première cachette, et 10 boîtes en métal furent ainsi exhumées le 18 septembre 1946. La deuxième fut mise au jour le 1er décembre 1950, et la dernière, dans ulica Świętojerska, n'a encore jamais été retrouvée.

L'incroyable collection, connue également sous le nom d'Archives Ringelblum, s'inscrit dans les annales pour son précieux témoignage. Son initiateur confia un jour à ce sujet : « Nous voulions révéler toute la vérité, aussi amère soit-elle. Nos documents sont authentiques, rien n'a été retouché. »

TROISIÈME JEUDI DU MOIS À LA SALLE DES PAONS *(PEACOCK ROOM)* ❺

Freer Gallery of Art
1050 Independence Avenue SW
- asia.si.edu • Tél. : +1 202-633-1000
- Ouvert tous les jours de 10 h à 17 h 30, fermé le 25 décembre
- Entrée gratuite
- Accès : métro Smithsonian (lignes bleue, orange ou grise)

> *Les volets sont ouverts un après-midi par mois*

Joyau de la collection léguée par l'industriel Charles Lang Freer à l'Institut Smithsonian, la « Salle des paons » est presque toujours éclairée d'une lumière tamisée afin de préserver la richesse de ses pigments. Mais un après-midi par mois, on ouvre les volets pour dévoiler ses couleurs éclatantes et ses somptueuses dorures. Un guide est là pour nous raconter l'histoire incroyable de la création de cette salle en Angleterre et de sa traversée transatlantique.

Le riche armateur Frederick Richards Leyland, qui partageait avec James Abbott McNeill Whistler sa fascination pour l'Orient, racheta à l'artiste son tableau La Princesse du pays de la porcelaine, représentant une femme en kimono. Il confia à Whistler la décoration du vestibule de sa demeure londonienne, et chargea l'architecte Thomas Jeckyll d'aménager la salle à manger attenante. Jeckyll conçut un système complexe d'étagères en noyer pour exposer la collection de porcelaines chinoises de Leyland. Comme le tableau de La Princesse du pays de la porcelaine devait être accroché au-dessus de la cheminée, on consulta Whistler sur le choix des couleurs pour la pièce.

L'architecte fut contraint d'abandonner le projet pour raison de santé et l'audacieux Whistler entreprit alors de réagencer la pièce, sans s'arrêter aux seuls changements validés par le propriétaire. Lorsqu'il aperçut la pièce qui nous enchante encore aujourd'hui, Frederick Richards Leyland fut cependant loin de se montrer ravi. Les murs en cuir, d'une valeur inestimable, avaient été recouverts de peinture, et le grain des étagères et des boiseries sculptées masqué par les dorures. Whistler nomma l'ensemble Harmonie en bleu et or et eut même l'impudence de recevoir visiteurs et journalistes en l'absence du maître de maison.

L'artiste et son mécène se querellèrent et Leyland ne consentit à payer que la moitié du salaire de Whistler. L'artiste acheva la pièce par une fresque symbolique de deux paons s'affrontant, intitulée L'art et l'argent, ou encore L'histoire de cette pièce. Leyland avertit Whistler qu'il le ferait fouetter s'il avait le malheur de se présenter de nouveau à sa porte, mais la pièce demeura inchangée jusqu'à sa mort, en 1892.

Grand collectionneur des œuvres de Whistler, Charles Lang Freer finit par faire l'acquisition de La Princesse du pays de la porcelaine et Harmonie en bleu et or. La pièce fut démontée et réinstallée dans son manoir de Détroit pour y accueillir sa collection de poteries asiatiques et de céramiques. En 1906, Freer légua sa vaste collection Whistler, y compris la «Salle des paons», et créa ainsi la première galerie d'art de l'Institut Smithsonian. Depuis son ouverture en 1923 jusque dans les années 70, de vrais paons se promenaient même dans la cour du musée pendant l'été.

SCULPTURE CRYPTOGRAPHIQUE *ANTIPODES* ❻

Hirshhorn Museum Sculpture Garden
700 Independence Avenue SW
• hirshhorn.si.edu
• Tél. : +1 202-633-4674
• Ouvert tous les jours sauf le 25 décembre ; musée : 10 h-17 h30, place :
7 h 30-17 h30, jardin : 7 h 30 - coucher du soleil
• Accès : métro L'Enfant Plaza (lignes verte, jaune, bleue, orange ou
grise)

> *Un code*
> *indéchiffrable ?*

Conçue par le sculpteur Jim Sanborn, originaire de Washington, la mystérieuse sculpture Kryptos, recouverte d'un message codé par l'ancien cryptographe de la CIA, Edward M. Scheidt, et située au siège de la CIA à Langley (Virginie), n'est plus accessible au public depuis les attentats du 11 septembre. Sa reproduction sur la couverture du best-seller Da Vinci Code et le fait qu'elle soit mentionnée dans la suite Le Symbole perdu l'ont rendue célèbre dans le monde entier. Installée en 1990, la sculpture en cuivre incurvée comporte quatre panneaux, sur lesquels sont gravées des inscriptions codées. Tous les amateurs de codes secrets, des simples hackers aux cryptologues professionnels, s'y sont penchés. Trois panneaux ont été déchiffrés avant 1999, mais le quatrième n'a pas encore livré ses secrets. De nombreux sites Internet y sont consacrés, des cadrans chiffrants et des cursus universitaires ont été conçus dans l'espoir de trouver la solution. Ceux qui, comme nous, ne possèdent pas d'autorisation pourront heureusement admirer une deuxième œuvre de Sanborn, située dans le jardin de sculptures près de l'entrée du Hirshhorn Museum.

Antipodes fait référence aux opérations secrètes de la CIA et du KGB et comprend à la fois son propre texte et des extraits de Kryptos et de Cyrillic Projector, réalisé en caractères cyrilliques. Tout comme les œuvres précédentes, Antipodes est de forme curviligne et gravée de messages chiffrés. Une poutre de bois pétrifié sépare les différents panneaux de cuivre et leurs textes codés opposés. Sanborn inscrivit lui-même le message de Kryptos à la scie, mais lorsqu'il créa Antipodes, une entreprise du Midwest lui fit l'honneur de découper le texte au jet d'eau.

Les messages en cyrillique et du KGB ont été déchiffrés depuis 2003, mais de l'autre côté, le code de la CIA reste encore un mystère. Allez donc faire un tour au Hirshhorn Museum, peut-être que vous réussirez à percer son secret.

Lorsque le président Thomas Jefferson envoya Lewis et Clark en expédition vers l'Ouest, il créa un code à l'intention de Meriwether Lewis pour pouvoir communiquer en secret. Curieusement, une lettre datée du 20 avril 1803 explique au sujet du système de chiffrement utilisé, inspiré de Vigenère : « supposons que le mot-clé est antipodes ». Une copie du texte est conservée parmi les documents de Thomas Jefferson, à la bibliothèque du Congrès.

TOURS D'AÉRATION DU CAPITOLE ❼

US Capitol West Lawn
• Accès par 1st Street SW près de Southwest Drive (ou 1st Street NW près de Northwest Drive)
• Accès : métro Federal Center (lignes bleue, orange ou grise), plus près de la tour sud que de la tour nord

Ancêtre de l'air conditionné

Deux tours en pierre se dressent de part et d'autre de la pelouse ouest du Capitole des États-Unis, pareilles à des pièces sur un échiquier, éveillant immanquablement la question : « Mais qu'est-ce que ça peut bien être ? » Utilisées à présent comme support pour les caméras de surveillance, ces mystérieuses tours de 10 mètres de haut datent des années 1880, à l'époque de l'agrandissement du domaine du Capitole par le célèbre architecte-paysagiste Frederick Law Olmsted. Conçus pour abriter les conduits du dispositif de ventilation complexe de la chambre du Sénat et de la salle des séances de la Chambre des représentants, ces vestiges d'un des premiers systèmes d'air conditionné fonctionnent toujours comme prises d'air frais.

Dépourvues de fenêtres pour que les membres du Congrès soient moins distraits pendant les séances, ces salles étaient fort mal aérées. Un article du New York Times du 11 novembre 1873 signale les améliorations apportées au système de ventilation. Un conduit d'aération souterrain reliant le sous-sol du Sénat à la pelouse ouest vint compléter l'action des ventilateurs installés sous le plancher perforé pour introduire de l'air frais dans la salle hermétique. Le New York Times ajouta que la chambre du Sénat était devenue « l'un des espaces publics les mieux ventilés du pays » et vanta l'ingéniosité des bouches d'aération ajoutées sous chaque bureau pour permettre aux sénateurs de régler individuellement l'arrivée d'air.

L'année suivante, Olmsted fut chargé de dessiner les plans du domaine et il prévit un conduit d'aération en granite pour la salle des séances de la Chambre des représentants, installée en 1882. Celui de la chambre du Sénat, en revanche, ne sera construit qu'à la fin de la décennie.

À PROXIMITÉ

LE PAVILLON D'ÉTÉ
Bâti à l'écart sur un terrain en pente, le pavillon d'été a été conçu par Olmsted comme une petite oasis sur le domaine du Capitole. Malgré ses briques rouges et les pétales fauves de ses hémérocalles en été, la structure hexagonale se veut discrète et ne cherche pas à ternir le bâtiment du Capitole. La fontaine centrale, aujourd'hui purement décorative et remplacée par des fontaines d'eau potable, permettait autrefois aux visiteurs et aux chevaux de se rafraîchir. Des bancs en pierre munis d'accoudoirs invitent au repos à l'ombre d'un auvent en tuiles. Sur la façade est, on aperçoit à travers une petite grille un ruisseau qui serpente au milieu de rochers envahis par la végétation, comme pour détourner l'attention des visiteurs de l'entrée de la grotte secrète.

BLIND WHINO SW ARTS CLUB ❽

700 Delaware Avenue SW
- blindwhino.org
- Tél. : +1 301-567-8210
- Ouvert le dimanche de 12 h à 16 h
- Accès : métro Waterfront-SEU (ligne verte)

Au fond d'une impasse résidentielle du plus petit secteur de Washington se dresse une immense église en briques, badigeonnée de couleurs explosives par l'artiste HENSE. C'est l'un des derniers bâtiments à avoir survécu au vaste programme de rénovation urbaine du milieu du siècle dernier, qui a effacé la plupart des vestiges historiques du quartier.

Un monument de créativité pour la communauté

En 1886, la congrégation Virginia Avenue Baptist Church (aujourd'hui Friendship Baptist Church), fondée en 1875 par d'anciens esclaves, demanda à James A. Boyce de leur bâtir un lieu de culte. En 1952, le monument fut sauvé de la démolition par le révérend Benjamin H. Whiting, qui parvint à faire retirer cette « institution pivot du quartier » du projet de rénovation de la ville. Après avoir servi de maison spirituelle à différentes congrégations pendant plus d'un siècle, l'église fut laissée à l'abandon à partir de 2001, après le départ de ses derniers fidèles.

Le bâtiment, situé à l'adresse historique 734 1st Street SW, fut classé monument historique en mai 2004. La Commission de protection du patrimoine déclara ainsi : « L'église appartenait à l'une des plus anciennes congrégations indépendantes afro-américaines, et même si elle a été construite un peu vite par une communauté défavorisée, elle n'est pas dénuée de dignité et son style gothique italianisant dénote une certaine prétention architecturale. »

Souhaitant redonner vie au monument menacé par les plans de renouvellement urbain, son propriétaire, Steve Tanner, contacta le directeur général de la National Harbor's Art Whino Gallery, Shane Pomajambo, qui eut l'idée d'une « fresque murale de style Art Basel » et fit appel à l'artiste HENSE pour réaliser ce projet dynamique. Pomajambo fonda l'organisme à but non lucratif Blind Whino en partenariat avec Ian Callender, responsable de l'agence de design Suite Nation, selon le principe que « l'art est un puissant catalyseur de changement dans une communauté, qui inspire et motive ceux qui y sont exposés ».

Ce bâtiment vecteur de progrès a été restauré en grande partie par le biais du réaménagement créatif de son espace. Des artistes de différents horizons, tels qu'Aniekan Udofia de Washington ou encore l'Australien Meggs, ont paré les murs de l'ancien sanctuaire de couleurs chatoyantes, à l'image de sa façade. On a installé une scène à l'étage, ainsi qu'un espace DJ, où filtre la lumière des vitraux. Ian Callender affirme que « Blind Whino encourage la création artistique de manière originale » dans ce quartier longtemps négligé. Les acteurs du projet se réjouissent des possibilités infinies de ce lieu, qui offre enfin aux habitants un accès gratuit à l'art.

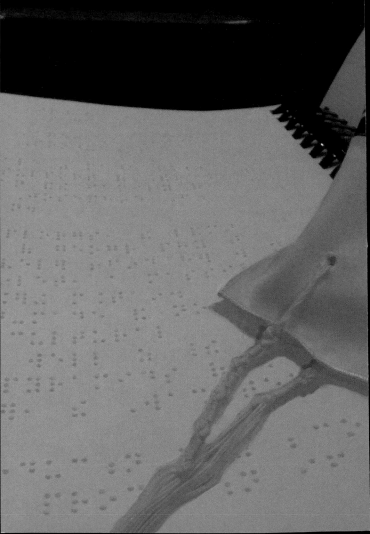

SPECTACLES ACCESSIBLES À TOUS À L'ARENA ❾ STAGE

1101 6th Street SW
• arenastage.org • Tél. : +1 202-554-9066
Les séances avec commentaires audio sont prévues le samedi matin et celles avec sous-titres pour sourds et malentendants, le mercredi soir, pour chaque production de la saison ; possibilité de demander le script à l'avance à l'adresse access@arenastage.org ; pour le recours au téléscripteur (TTY), téléphoner au +1 202-484-0247
• Accès : métro Waterfront-SEU (ligne verte)

Voir avec les mains et traduire en mots la réalité visuelle

Depuis ses débuts comme unique théâtre du quartier nord-ouest, l'Arena Stage du Mead Center for American Theater, élément phare du projet de réaménagement des quais de la rive sud-ouest, met un point d'honneur à rendre ses spectacles accessibles à tous. Véritable pionnier de la capitale en la matière, le théâtre ne se contente pas d'imprimer ses programmes en braille ou en grands caractères pour les aveugles et les malvoyants.

Des livrets tactiles permettent aux spectateurs de s'imprégner de l'atmosphère sur scène en touchant ce qu'ils ne sont pas en mesure de voir, comme des échantillons de tissus ou encore des mèches de cheveux. Lors de la représentation d'Un violon sur le toit, ils peuvent par exemple se faire une idée du poids et de la rugosité des lainages portés par les villageois d'Anatevka. On peut ainsi se représenter Tevye et les autres hommes fidèles, les différentes longueurs et textures de leurs barbes ou même le mouvement du tsitsit de leurs talit quand ils dansent. Des explications en braille renseignent les spectateurs sur la signification culturelle et religieuse des objets qu'ils touchent.

Mais qu'en est-il de la fabuleuse scène de la danse de la bouteille, tant appréciée du public ? À l'aide d'un dispositif de commentaires audio, Jo Lynn Bailey-Page et Joel Snyder traduisent en mots les éléments visuels : « Deux hommes font tenir une bouteille de vin en équilibre sur leur chapeau. Ils agitent doucement les jambes, secouent les mains et tournent sur eux-mêmes avant de se mettre à genoux, le dos parfaitement droit… » L'enregistrement minutieusement synchronisé est retransmis en direct aux spectateurs au moyen d'un récepteur radio très discret ; l'usage d'écouteurs leur confère ainsi une meilleure autonomie, sans que leurs voisins voyants n'aient besoin de commenter le déroulement de la pièce au fur et à mesure. Melanie Brunson, présidente de la Fédération américaine des non-voyants, fait l'éloge du dispositif audio : « Je profite infiniment mieux de la pièce dans ces conditions. »

Les trois salles de l'Arena Stage peuvent accueillir des personnes à mobilité réduite et sont facilement accessibles grâce à la disposition du bâtiment. Les spectateurs sourds et malentendants peuvent regarder la pièce avec des sous-titres, avoir accès au script avant la représentation, demander un dispositif TTY ou encore un enregistrement répétant les dialogues de manière amplifiée et davantage articulée.

MÉMORIAL DU *TITANIC*

Southwest Waterfront Park
Fourth et P Streets SW
• Accès : métro Waterfront-SEU (ligne verte)

Un homme en granite de 4 mètres de haut se dresse en direction du Washington Channel, la tête vers les cieux, les bras écartés et les yeux clos, dans une posture de « sacrifice sublime » selon sa créatrice, Gertrude Vanderbilt Whitney. Réalisée par une sculptrice et collectionneuse d'art de renom en mémoire du plus célèbre

> *Les femmes et les enfants d'abord*

naufrage de l'histoire, la statue reste néanmoins hors des sentiers battus à cause de son emplacement excentré sur la rive sud-est, à l'angle de la base militaire de Fort McNair.

Dans les mois qui suivirent le naufrage du RMS Titanic le 15 avril 1912, survenu lors de sa première traversée, des femmes organisèrent une collecte aux quatre coins des États-Unis pour ériger un monument au courage des hommes qui ont donné leur vie en laissant les femmes et les enfants monter en priorité dans les canots de sauvetage. La première donatrice fut Helen Taft, Première dame des États-Unis. D'autres femmes de la haute société suivirent son exemple, mais la plupart des fonds furent récoltés grâce aux dons d'un dollar de nombreuses femmes reconnaissantes. L'élégante création de Whitney fut sculptée en 1918 par le tailleur de pierre John Horrigan, à partir d'un bloc de granite de 20 tonnes, dans le Massachusetts. Il fallut toutefois attendre plus de dix ans pour qu'on lui trouve un emplacement assez digne, sur la rive du Potomac au croisement de New Hampshire Avenue et de Rock Creek Parkway (NW). On inaugura le mémorial en mai 1931, qui porte l'inscription : « Aux hommes courageux qui périrent lors du naufrage du Titanic le 15 avril 1912. Ils ont donné leur vie pour que femmes et enfants puissent être sauvés. Érigé par les femmes des États-Unis. Aux jeunes et aux vieux, aux riches et aux pauvres, aux ignorants comme aux instruits, à tous ceux qui ont donné leur vie pour sauver des femmes et des enfants. » Le piédestal est placé au centre d'une exèdre de 9 mètres réalisée par l'architecte Henry Bacon, célèbre pour sa dernière œuvre, le mémorial de Lincoln.

En 1966, le mémorial fut retiré pour laisser place à la construction de la salle de spectacle John F. Kennedy Center for the Performing Arts. Transférée à son emplacement actuel la même année, qui se nommait à l'époque le Washington Channel Park, la statue rappellera aux visiteurs contemporains la scène mémorable du film américain Titanic, dans laquelle Rose se tient les bras écartés, soutenue par son amant condamné.

CHAMPAGNE POUR LES 1 352 HOMMES QUI ONT PÉRI DANS LA TRAGÉDIE

Chaque année, depuis 1979, un groupe de gentlemen en costume, membres de la Men's Titanic Society, apportent des roses au mémorial le 15 avril, pour l'anniversaire du naufrage. Peu après minuit, ils lèvent leurs verres de champagne en l'honneur du courage des 1 352 hommes qui ont péri dans la tragédie.

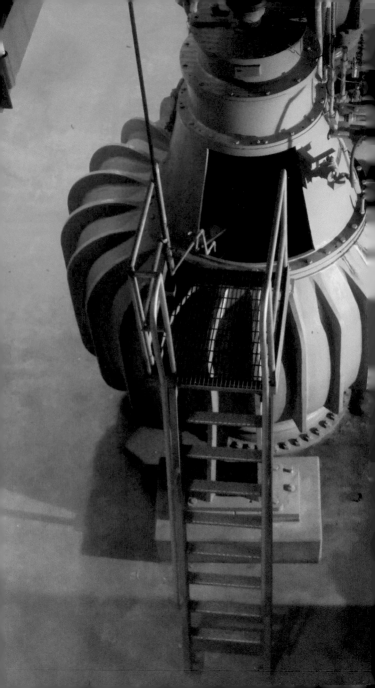

VISITES GUIDÉES DE LA STATION DE TRAITEMENT DES EAUX USÉES DE BLUE PLAINS ⓫

5000 Overlook Avenue SW
• dcwater.com/wastewater/blueplains.cfm • Tél. : +1 202-787-2000
Visite le mercredi pour les groupes scolaires et le jeudi pour les autres groupes ; départ à 10 h ; durée 60-90 minutes ; chaussures fermées exigées ; casques fournis
• Accès : le métro le plus proche est Congress Heights, mais le plus simple est de s'y rendre en voiture

Au confluent de la filtration et de la nitrification

Une délicate odeur de soufre plane au-dessus de l'Anacostia Freeway. À la pointe sud du district, la gravité entraîne vers la plus grande station de traitement des eaux usées au monde les flots nauséabonds arrivant de Washington, des comtés de Montgomery et Prince George (Maryland) et de Fairfax et Loudoun (Virginie). Les eaux usées de la région subissent différents traitements sur ce site de 60 hectares avant de se déverser, propres et limpides, dans le fleuve Potomac avoisinant. La station nettoie chaque jour quelque 1,4 million de mètres cubes d'eau : de quoi remplir le stade omnisports Robert F. Kennedy. La visite de la station de Blue Plains vous fera prendre conscience de chaque chasse d'eau et du travail aussi ingrat que malodorant accompli chaque jour (les ingénieurs appellent cela « l'odeur de l'argent »).

La guide Yani explique son fonctionnement dans une salle d'un blanc éclatant qui respire la propreté. Les règles de Blue Plains sont « parmi les plus strictes au monde », dit-elle, notamment afin de protéger le Potomac, qui se jette dans la baie de Chesapeake, « un élément clé de la région ». Elle nous remercie pour notre, comment dire…, contribution, dans la mesure où nos excréments peuvent être avantageusement transformés en compost, voire en énergie renouvelable. Elle nous rappelle néanmoins qu'outre nos déjections naturelles, il ne faut jamais jeter autre chose que du papier toilette dans la cuvette. Pour bien enfoncer le clou, on voit passer sur un tapis roulant une multitude de déchets allant des papiers de bonbons aux préservatifs usagés récupérés lors de la première phase de filtration.

Lors de notre visite, nous avons écarté l'option du tour en camionnette et opté pour l'expérience complète, en dépit des mises en garde quant au danger olfactif encouru. Comme nous avons eu le bon goût d'y aller un jour plutôt frisquet, les émanations étaient plus raisonnables qu'en un après-midi torride du mois d'août. Les allées reflètent les étapes du traitement : Aeration Road, Solids Road, etc. La plupart des stations de traitement des eaux usées procèdent en deux grandes étapes : la clarification et la décantation. À Blue Plains, une étape supplémentaire, dite tertiaire, permet de retirer l'azote afin de protéger les nappes phréatiques de la baie de Chesapeake, ce qui en fait une station particulièrement avancée. À la pointe de la technologie, elle continue à explorer sans cesse de nouvelles manières de traiter les eaux usées.

À la fin de la visite, la guide nous montre deux béchers, l'un contenant de l'eau du robinet de Washington (épurée selon un autre système) et l'autre de l'eau traitée à Blue Plains. L'eau est limpide dans les deux cas. Quand on regarde le Potomac, on voit nettement la différence entre l'eau rejetée par la station, plus claire, et le reste de l'eau du fleuve.

SUD-EST

PEINTURES CACHÉES SUR LA TRANCHE DES ❶ LIVRES

Library of Congress Rare Book and Special Collections Reading Room
Thomas Jefferson Building, LJ 239
101 Independence Avenue SE
• loc.gov/rr/rarebook/ • Ouvert du lundi au vendredi de 8 h 30 à 17 h,
mais les livres doivent être demandés avant 16 h 15 ; fermé samedi et
dimanche ainsi que les jours fériés
• Entrée gratuite, mais il faut une carte de bibliothèque (inscriptions sur
le site Internet) ; les effets personnels doivent être laissés à la consigne
et seules les notes au crayon à papier sont autorisées
• Accès : métro Capitol South (lignes bleue, orange ou grise)

Merveilleusement bien cachées

L a salle des livres rares de la bibliothèque du Congrès recèle de nombreux trésors, parmi lesquels cette collection d'œuvres d'art secrètes cachées sur la tranche des livres. Avec leurs couvertures marbrées et leurs ex-libris enluminés, ces magnifiques volumes dissimulent de vraies merveilles.

La technique dite de la « tranche peinte » aurait été inventée au XVIe siècle par l'artiste vénitien Cesare Vecellio et consiste à peindre sur la gouttière d'un livre, c'est-à-dire sur la tranche opposée au dos. Vecellio utilisait les livres fermés comme une toile, sur laquelle il peignait des motifs décoratifs ou héraldiques. Un siècle plus tard, en Angleterre, Samuel Mearne, relieur à la cour de Charles II, imagine une nouvelle méthode de peinture sur tranche en maintenant cette fois le livre ouvert à l'aide d'un étau pour peindre sur le bord des pages. Une fois la peinture sèche, le livre était doré ou marbré afin de rendre le motif invisible. On ne pouvait alors apercevoir l'image qu'en décalant les pages, et si l'on fermait le livre, le motif disparaissait.

L'intérêt pour ces livres perdura et l'on se mit à peindre des images de plus en plus élaborées, comme des paysages, des portraits et des scènes religieuses. À la fin du XVIIIe siècle et au début du XIXe, la famille de relieurs « Edwards of Halifax », notamment, recruta des artistes pour peindre sur la tranche de ses volumes somptueusement reliés.

Au début du XXe siècle, des techniques de double et de triple tranche peinte se développèrent. Une triple tranche peinte est composée d'un motif à la fois sur la tranche de tête, la tranche de queue et la gouttière, et permet ainsi de réaliser une image panoramique, visible lorsque le livre est fermé. Une double tranche peinte, en revanche, comporte deux peintures distinctes, que l'on aperçoit en tournant les pages dans un sens ou dans l'autre. Pour réaliser ces incroyables œuvres d'art, il faut peindre à la fois un motif sur la tranche au recto et au verso des pages, afin d'obtenir deux images complètement différentes.

Avec son titre à rallonge, le livre illustré de 1809 _Observations sur plusieurs localités des comtés de Cambridge, Norfolk, Suffolk et Essex ainsi que du nord du Pays de Galles, avec leur beauté pittoresque : récit de deux visites, l'une en 1769, l'autre en 1773_ comprend des peintures représentant sans doute les deux voyages effectués par l'auteur.

ODIN

L'HISTOIRE DE L'ÉCRITURE SCULPTÉE ❷

John Adams Building of the Library of Congress
East and West Entrances
120 2nd Street SE
• loc.gov • Tél. : +1 202-707-9779
• Ouvert lundi, mercredi et jeudi de 8 h 30 à 21 h 30, et mardi, vendredi et samedi de 8 h 30 à 17 h
• Accès : métro Capitol South (lignes bleue, orange ou grise)

De nombreuses cultures revendiquent l'invention de l'écriture. Il est donc tout naturel que les portes de la bibliothèque nationale des États-Unis rendent

> *Ouvrez les portes de l'écriture*

compte de ces différents mythes. Le John Adams Building fut construit en 1938 comme annexe de la bibliothèque du Congrès, et ses énormes portes en bronze sculptées par Lee Lawrie représentent douze personnages ayant contribué à la naissance de l'écriture. Certains sont considérés comme ses créateurs, d'autres de simples amanuensis de la destinée humaine.

De nouvelles portes conformes aux normes de sécurité, munies de barres antipanique et laissant passer la lumière, ont été installées sous l'égide de l'architecte du Capitole, et ornées d'une reproduction des bas-reliefs en bronze. Elles rendent hommage à l'intégrité artistique et historique des sculptures originales de 3 mètres de haut, qui ont été conservées, rénovées et encastrées dans des niches selon leur position initiale pour maintenir les portes ouvertes.

Parmi les douze personnages mis à l'honneur, on peut tout d'abord citer le dieu hindou Brahma, avec ses textes védiques sacrés. Dans la Grèce antique, on reconnaît deux sources de l'alphabet moderne : Cadmos, qui introduisit l'alphabet phénicien en Grèce, et Hermès, l'inventeur des lettres et des nombres. Le dieu maya Itzamná offrit aux hommes l'écriture hiéroglyphique et le calendrier. Avec son calame, le dieu mésopotamien Nabû écrivit les Tablettes du destin. Odin, dieu des poètes, créa l'alphabet runique à partir des runes magiques de l'Arbre du monde présent dans la mythologie nordique. L'alphabet oghamique du IVe siècle tient son nom du dieu Ogme, l'inventeur des caractères gaéliques. On attribue également l'invention de l'écriture et de la littérature à Quetzalcóatl, l'une des principales divinités de la culture aztèque. Le héros perse Tahmurath força les démons à enseigner plus de trente langues aux hommes. Tot, le dieu-scribe égyptien à tête d'ibis, inventeur du langage, prenait note du jugement des morts. Le personnage de légende à quatre yeux Cang Jie s'inspira des empreintes animales pour inventer les idéogrammes. Le seul mortel représenté est un indigène d'Amérique, Sequoyah, né à l'endroit de l'actuel Tennessee, qui développa un système d'écriture en 1809 pour sa langue maternelle, le tsalagi gawonihisdi. Connu sous le nom de syllabaire cherokee, il fut adopté par la nation tsalagi (cherokee) en 1825.

Malgré sa grande beauté, l'œuvre manque tout de même de présence féminine. Que serait Brahma sans Sarasvati (cf. page 109), et Nabû sans Nisaba, sa prédécesseur ?

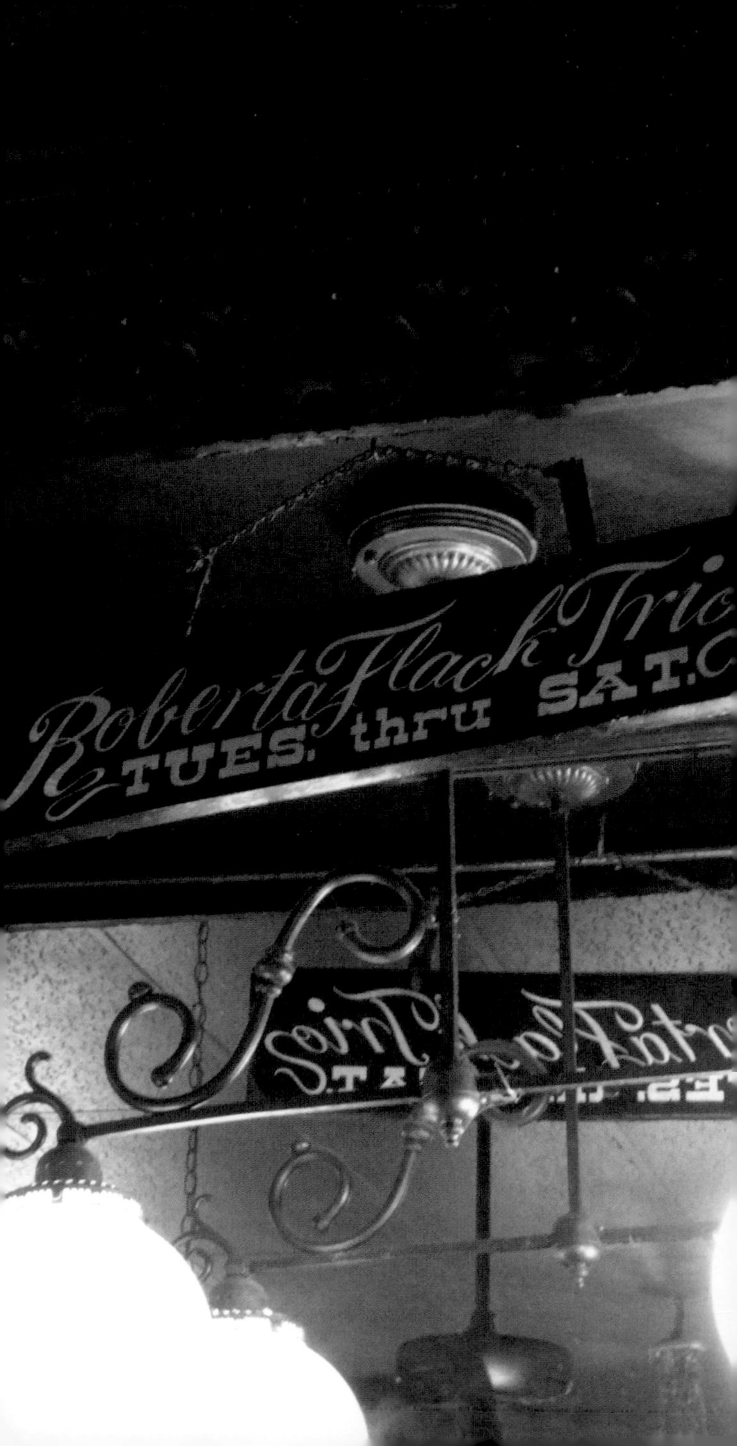
Roberta Flack Trio
TUES. thru SAT.

L'ÉCRITEAU « ROBERTA FLACK TRIO » ❸

Mr. Henry's Restaurant
601 Pennsylvania Avenue SE
• www.mrhenrysdc.com • Tél. : +1 202-546-8412
• Ouvert du lundi au vendredi de 11 h 15 à minuit, samedi de 11 h à
minuit et dimanche de 10 h 30 à minuit
• Accès : métro Eastern Market (lignes bleue, orange ou grise)

Un écriteau noir en bois portant l'inscription «Roberta Flack Trio» en lettres dorées est suspendu en évidence au-dessus du comptoir du pub victorien Mr. Henry's, en hommage à l'artiste aux

Un tremplin pour sa carrière

nombreux Grammy Awards. À la fin des années 60, cette chanteuse et pianiste de génie originaire d'Arlington, en Virginie, enseignait la musique dans les établissements publics de Washington D.C. le jour, et chantait le soir avec son trio éponyme dans leur bar attitré de Capitol Hill. Ses remarquables prestations rencontraient un tel succès que le propriétaire, Henry Yaffe, lui arrangea même une scène au premier étage de son établissement, avec des bancs d'église pour le public. Avec sa coiffure afro parfaite, Roberta Flack invita ainsi de nombreuses célébrités de passage à partager la scène avec elle, et elle joua même un soir du piano à quatre mains avec Liberace. Très impressionné, le musicien de jazz Les McCann lui arrangea une audition pour le label Atlantic Records.

Lors de la sortie de son premier album chez Atlantic, First Take, la star en devenir insista pour que sa photo sur la pochette soit prise à Mr. Henry's. Aujourd'hui encore, une copie de la pochette du disque orne le mur du bar, à côté de la caisse.

Bien que la scène n'existe plus, peu de choses ont changé dans ce vrai restaurant de quartier : des prix raisonnables, un service chaleureux, le légendaire brunch du dimanche et des hamburgers à moitié prix le lundi. Voilà donc un bon moyen de se familiariser avec l'histoire de la pop américaine, et peut-être même l'occasion d'apercevoir quelques consultants politiques dans ce quartier du Capitole. Le stratège du parti démocrate Donna Brazile est en effet une habituée du restaurant, qu'elle affectionne beaucoup, comme en atteste sa déclaration sur Twitter.

Atlantic Records a une dette envers Washington, et pas uniquement pour avoir cultivé les talents de Roberta Flack. Bien qu'il ait découvert le jazz à Londres, c'est en effet à Washington qu'est née la passion du fils du premier ambassadeur turc aux États-Unis pour la musique. Ahmet Ertegün s'est ainsi plongé dans l'univers de la musique en passant des vinyles chez le célèbre disquaire Quality Music Shop (renommé plus tard Waxie Maxie's) ainsi qu'en allant aux concerts du Howard Theatre. Ahmet a fait ses études dans un établissement huppé, mais il s'amusait souvent à répéter: «C'est à Howard que j'ai tout appris.» Il fonda le label Atlantic Records en 1947 pour enregistrer la musique qu'il adorait. The Clovers furent parmi les premiers à signer un contrat de production (un groupe de lycéens de l'Armstrong High School, établissement fréquenté par de nombreux musiciens de talent tels que Duke Ellington, Billy Eckstine ou Jimmy Cobb).

GESSFORD COURT   ❹

Situé entre Independence Avenue et C Street SE, bordé par 11th et 12th Street
• Accès : métro Eastern Market (lignes bleue ou orange)

Dissimulés aux quatre coins du district, de nombreuses allées, ruelles et certains cours ont été épargnés par les différents projets de réaménagement urbain. Ces quartiers miniatures, que l'on retrouve dans chaque secteur, sont tous chargés d'histoire et leur configuration développe un profond esprit de communauté.

Jazzmen dans l'allée

Parmi les quelques-uns disséminés à Capitol Hill, se trouve notamment Gessford Court, que l'on ne remarque pas forcément, à moins d'être très attentif. En plus de ses résidents permanents, l'allée pavée en briques héberge régulièrement des membres du Congrès et possède même son propre jazz-band, le 21 Gessford.

L'endroit était surnommé « Tiger Alley » à la fin des années 1880 par les habitants du quartier voisin, en raison des fréquentes rixes qui éclataient au cours de beuveries dans deux maisons de location. En 1892, Charles Gessford, grand bâtisseur de la capitale, construisit 10 petites maisons en briques dans la ruelle, juste avant le moratoire du Congrès sur la construction dans les allées, puis Martin Wiegand en érigea deux autres juste en face. L'allée fut renommée en l'honneur de Gessford à sa mort, en 1894, mais elle apparaît toujours sous le nom de Tiger Alley dans le recensement de 1900. À l'époque, elle était densément peuplée, 6 personnes résidaient en moyenne dans chaque maison, tous des ouvriers afro-américains.

LE « TAUDIS » D'ADAM CLAYTON POWELL JR.

Adam Clayton Powell Jr., représentant de Harlem au Congrès, séduit par l'emplacement de Gessford Court, à la fois proche du Capitole et coupé du monde, en fit sa deuxième maison chaque fois que le Congrès était convoqué en séance. Son fils, Adam Clayton Powell III, a confié ses souvenirs au Washington Post au sujet de la propriété non officielle. Son père aurait ainsi acheté plusieurs maisons de l'allée, qu'il appelait son «taudis», avant de les rénover et de les vendre à un bon prix. Il garda le n°16 pour lui, dont le salon était grand comme un mouchoir de poche. Il y organisait des soirées et des réunions en compagnie de ses collègues, noyées dans un nuage de fumée et à l'abri des regards indiscrets (mis à part le jour où son logement fut fouillé par un agent du FBI, sans succès).

21ST @ 21

Le 21 de chaque mois, David Weiner invite tous les membres de la communauté chez lui, au 21 Gessford Court, pour un dîner partagé/jam session, en partenariat avec The Corner Store (900 South Carolina Avenue).

TOTEMS *LIBERTY ET FREEDOM*   **5**

Historic Congressional Cemetery
1801 E Street SE
- congressionalcemetery.org
- Tél. : +1 202-543-0539
- Ouvert tous les jours du lever au coucher du soleil ; consulter le site
Internet pour les visites guidées
- Accès : métro Stadium-Armory (lignes bleue/orange)

> *Cadeau guérisseur de la tribu Lummi*

Suite aux attentats terroristes du 11 septembre 2001, les membres de la tribu amérindienne Lummi de l'État de Washington érigèrent des totems guérisseurs en hommage aux victimes des trois régions touchées. Le premier fut offert à l'État de New York en 2002, le second à la Pennsylvanie en 2003, et en 2004, Washington en reçut deux, reliés par une poutre.

Ces deux totems, Liberty et Freedom, furent réalisés en bois de thuya de la forêt primaire du mont Baker-Snoqualmie par les membres de la Lummi Nation House of Tears, sous la direction du maître sculpteur et conseiller lummi Jewell Praying Wolf James. Une fois l'arbre abattu, il fallut en retirer l'écorce et la dernière couche d'aubier pour en faire un mât cylindrique parfaitement lisse, puis aplanir les extrémités et couper le mât en plusieurs segments, avant de les sculpter et de les peindre aux couleurs des différentes populations américaines, en rouge, noir, blanc et jaune.

Résultat d'un travail méticuleux, les totems font 13 pieds de haut (environ 4 mètres), en référence aux 13 colonies britanniques d'Amérique du Nord, et comportent des représentations d'animaux et d'autres symboles chers aux Lummis. Les ours sculptés sur les totems symbolisent le courage et la force. Sur le totem de droite, Liberty, on peut voir Mère Ourse et Grand-Mère Lune, et sur celui de gauche, Freedom, Père Ours porte Grand-Père Soleil. La poutre centrale, intitulée Sovereignty par James, selon qui « la liberté est un des piliers de la souveraineté », est flanquée de deux aigles. L'aigle mâle tourné vers l'ouest symbolise la guerre, l'aigle femelle tourné vers l'est représente la paix. Leurs ailes ont 7 plumes, en hommage au vol 77 American Airlines, qui percuta le Pentagone.

Janice Marie Scott fait partie des 183 personnes tuées dans l'attentat. Son époux Abraham leva des fonds pour acheminer les totems de la côte ouest à la côte est, avec des arrêts en chemin pour recevoir les prières et bénédictions de dizaines de tribus amérindiennes, projet qui s'éleva à plus de 60 000 $. Les totems furent installés provisoirement au Pentagone, puis transférés au cimetière du Congrès, en attendant l'ouverture du Mémorial du 11 septembre de Kingman Island.

L'avocate et suffragette précurseur Belva Ann Bennett Lockwood, première femme à plaider devant la Cour suprême des États-Unis, est enterrée près des tombes d'éminents Amérindiens pour avoir persuadé le gouvernement américain de verser 5 millions de dollars pour financer un village Cherokee.

BIBLIOTHÈQUE DE QUARTIER FRANCIS A. GREGORY

3660 Alabama Avenue SE
- dclibrary.org/francis • Tél. : +1 202-698-6373
- Ouvert du lundi au mercredi de 9 h 30 à 21 h, jeudi de 13 h à 21 h, samedi de 9 h 30 à 17 h 30 et dimanche de 13 h à 17 h
- Accès : Metro Naylor Road

La fantaisie arborée d'Adjaye

Installée à la lisière de Fort Davis Park face aux habitations du quartier résidentiel du même nom, la bibliothèque Francis A. Gregory, membre du réseau de bibliothèques publiques de la ville de Washington et dont la façade géométrique est tapissée de miroirs, reflète bien la population locale, au sens propre comme au figuré. Comme le déclara un jour l'humaniste Mary McLeod Bethune : « Prenez soin de toute âme humaine, qui sait, elle recèle peut-être un diamant. » On retrouve l'image du diamant à l'intérieur de l'édifice, dont les murs sont recouverts d'un assemblage en bois à motifs losangés, qui ne rappelle pas tant le costume d'Arlequin qu'une boîte à bijoux dans la verdure, qualifiée de « fantaisie arborée » par son architecte David Adjaye. Il voulait créer un espace inspirant et régénérant dans ce quartier longtemps négligé, à l'est de la rivière Anacostia, ce à quoi il parvint grâce à l'aide des architectes locaux Wiencek + Associates.

Des paniers sénégalais multicolores servent d'abat-jours au-dessus d'une rangée d'ordinateurs Mac, clin d'œil culturel en hommage à la population du quartier, majoritairement afro-américaine. L'absence de cloisons et la vue sur la forêt invitent à la réflexion. Les employés de la bibliothèque, tout comme les usagers, apprécient eux aussi ces locaux à la fois esthétiques et très fonctionnels. John Henry, un vétéran à la retraite habitant le quartier de longue date, y amène son petit-fils de 9 ans pour l'encourager à lire, mais avoue qu'il en profite tout autant. « C'est super pour les enfants, comme pour les adultes. C'est un endroit parfait pour lire et se détendre. On y apprend plein de choses, et si quelqu'un ne sait pas se servir d'un ordinateur, le personnel est là pour lui montrer. Tout le monde est sympa et prêt à rendre service. C'est un merveilleux outil pour le quartier », dit-il.

Bien qu'il soit interdit de parler à voix haute dans l'enceinte de la bibliothèque, des espaces de travail silencieux ont été aménagés, ainsi que des salles d'étude individuelles munies d'un bureau et de deux chaises, et séparées par une porte en verre pour garantir un calme absolu.

La bibliothèque, qui se nommait autrefois Fort Davis Regional Library, fut rebaptisée en 1986 en hommage à Francis Anderson Gregory, ancien habitant du quartier et premier président noir du Conseil d'administration de l'association des bibliothèques publiques. Le nouveau bâtiment, conçu par David Adjaye, fut inauguré le 9 juin 2012.

ANACOSTIA COMMUNITY MUSEUM ❼

1901 Fort Place SE
- anacostia.si.edu • Tél. : +1 202-633-4820
- Ouvert tous les jours de 10 h à 17 h, fermé le 25 décembre
- Accès : métro Anacostia (ligne verte)
- Le musée met à disposition une navette gratuite depuis le National Mall tous les week-ends compris entre le dernier lundi de mai (Memorial Day) et le premier lundi de septembre (Labor Day)

Le seul musée Smithsonian à l'est de la rivière Anacostia

Si l'on songe à l'Institut Smithsonian, c'est souvent l'étendue du National Mall qui nous vient à l'esprit, bordé de ses remarquables musées, mais n'oublions pas ce joyau du sud-est de la capitale, le seul musée Smithsonian situé à l'est de la rivière Anacostia. Baptisé à l'origine Anacostia Neighborhood Museum, ce musée fut fondé en 1967 à l'intention des habitants de l'enclave afro-américaine dans les locaux d'un ancien cinéma. Premier musée communautaire financé par l'État fédéral, il fit figure de pionnier en étant le premier musée de l'Institut à installer des panneaux explicatifs pour les malentendants, en 1982.

À partir de 1987, il élargit son champ d'exploration à la diaspora afro-américaine dans le monde entier ; son nom fut raccourci en Anacostia Museum, et après avoir été bien en vue sur Martin Luther King Jr. Avenue, il fut transféré sur le terrain arboré de Fort Place.

En 2002, des modifications furent apportées au bâtiment en s'inspirant de différentes nations africaines. La façade en briques rappelle ainsi les motifs des pagnes kita. Ornés de symboles typiques de l'architecture malienne, les piliers cylindriques qui se dressent de part et d'autre de l'entrée du musée évoquent les tours en ruine du Grand Zimbabwe. La sculpture de l'artiste Allen Uzikee Nelson, Real Justice, érigée en hommage à Thurgood Marshall, juriste à la Cour suprême des États-Unis aujourd'hui décédé, veille sur le site depuis 2004.

Suite à la fondation du National Museum of African American History and Culture, placé lui aussi sous les auspices de l'Institut Smithsonian, l'organisation a été renommée Anacostia Community Museum en 2006 et se recentre aujourd'hui sur les communautés du quartier d'Anacostia et des alentours. Une exposition récente a retracé la responsabilisation des communautés de la province sud-africaine du KwaZulu-Natal ; Femmes d'Ubuhle : le perlage et l'art de l'indépendance présente une collection d'œuvres réalisées par les artistes de l'association Ubuhle.

Le musée organise à la fois des concerts, des projections de films, des conférences, des tables rondes, des interventions d'auteurs, de nombreux ateliers et des événements culturels autour de Juneteenth (fête de l'abolition de l'esclavage) et de Kwanzaa (fête afro-américaine).

Allez donc faire un tour du côté de Good Hope Road pour continuer votre visite culturelle à l'est de la rivière et arrêtez-vous à la Honfleur Gallery (1241) et à l'Anacostia Arts Center (1231).

LA CHAISE GÉANTE

⑧

2101 Martin Luther King Jr Avenue SE
• Accès : métro Anacostia (ligne verte)

L orsqu'en 1959, Charles W. Curtis
commanda au fabricant de meubles
Bassett Furniture une réplique géante
d'un modèle de chaise de l'ébéniste Duncan
Phyfe pour attirer les clients dans son
entreprise familiale, il ignorait encore que
celle-ci deviendrait l'emblème d'Anacostia

*On la voit
de loin*

et qu'elle assisterait à la transformation du quartier au cours des cinquante
années à venir.

Toujours dans l'espoir de se faire remarquer, Curtis fit également
construire un cube en verre de 3 mètres de côté pour l'installer à 6 mètres
de haut, sur la chaise de 2 tonnes. L'objet était conçu comme une sorte de
bocal pour être humain, et toute personne était libre d'y habiter, au vu et au
su de tous. Chauffé et climatisé, le cube était équipé d'un lit, de rideaux, d'une
télévision, d'un téléphone et bien sûr d'une douche et de toilettes. Malgré
les objections de son mari, la mannequin de 21 ans Lynn Arnold décida d'y
emménager.

Le 13 août 1960, on fit monter Lynn Arnold dans sa maison transparente.
Surnommée « Alice dans la Maison du Miroir », elle passa ses journées à
lire, regarder la télévision, téléphoner et faire signe aux curieux massés au
pied de la chaise pour observer ses moindres gestes. Son fils de 14 mois fut
le seul à pénétrer chez elle ; on le hissa à l'aide du monte-plat qui servait à
approvisionner le logement. Les passants pariaient sur la durée de son séjour
là-haut. Au bout de six semaines, elle finit par admettre que le plancher des
vaches lui manquait et décida de « redescendre sur terre », empochant ainsi
1 500 dollars.

Mais si les années 60 avaient débuté avec légèreté et insouciance, elles
s'achevèrent dans le deuil et la violence. Tandis que des émeutes éclataient
suite à l'assassinat du révérend Martin Luther King, la chaise demeura
indemne, ce qui émut beaucoup Charles Curtis. « Personne ne s'en est pris à la
chaise, ils avaient du respect pour elle », déclara-t-il en 2006 aux journalistes
du Washington Post, au moment de l'inauguration de sa nouvelle version
résistante aux intempéries.

L'influence de l'entreprise
familiale des Curtis a perduré au
sein du quartier d'Anacostia bien
après la fermeture du magasin en
1973. La solide chaise en acajou
résista pendant plusieurs décennies,
mais elle finit par rouiller et on la
remplaça par une copie conforme en
aluminium. Les puristes rejetteront
peut-être ce facsimilé métallique,
surnommé La chaise géante, mais
la plupart se réjouissent du retour
de ce symbole dans une ville en
constante mutation.

LA PROPRIÉTÉ HISTORIQUE DE FREDERICK DOUGLASS ❾

Cedar Hill
1411 W Street SE
• nps.gov/frdo • Tél. : +1 202-426-5961
• Ouvert tous les jours de 9 h à 17 h (avril-octobre) et de 9 h à 16 h 30 (novembre-mars) ; fermé à Thanksgiving, le 25 décembre et le 1er janvier
• Entrée gratuite, réservation obligatoire pour les visites guidées sur le site recreation.gov
• Accès : métro Anacostia (ligne verte) puis bus B2, l'arrêt se trouve juste devant l'entrée de la propriété

Le lion d'Anacostia

L'orientation est-ouest de la demeure de Frederick Douglass rappelle son propre parcours, depuis sa naissance comme esclave sur la rive est du Maryland jusqu'à l'inauguration d'une statue en bronze à son effigie au Capitole en 2013 en présence de ses descendants, près de 200 ans plus tard.

Douglass acheta cette maison victorienne en 1877, à une époque où seuls les Blancs pouvaient devenir propriétaires. Connue sous le nom de « Cedar Hill », c'est un emblème de la réussite sociale de cet ancien esclave aux multiples talents, à la fois orateur brillant, auteur abolitionniste, éditeur, administrateur de Howard University et homme d'État éminent. Pendant les années qu'il passa à Washington, il travailla comme US Marshal, fut nommé président de la banque Freedman's Savings & Trust, secrétaire du district de Columbia et consul général d'Haïti.

Il vécut heureux avec sa femme Anna à Cedar Hill, jouant aux dames et au croquet avec ses nombreux petits-enfants, qu'il laissait tresser sa crinière de cheveux blancs. « La famille a toujours été au centre de la vie de M. Douglass. Il a grandi dans la servitude, séparé des siens dès la naissance. Il était persuadé que la vie de famille et la chaleur du foyer seraient source de progrès pour l'humanité », explique Ka'mal McClarin, conservateur de la propriété de Frederick Douglass, transformée en musée.

Deux ans après le décès d'Anna en 1882, Douglass épousa Helen Pitts, une femme blanche de vingt ans plus jeune que lui. Ils se sentaient « rejetés à la fois par les communautés blanches et noires », mais leur union perdura en dépit de la controverse. À la mort de son mari en 1895, la seconde Mme Douglass fit son possible pour que la demeure soit préservée en sa mémoire.

Le National Park Service organise aujourd'hui des visites guidées de la propriété, qui permettent de découvrir certains aspects de la vie privée de Frederick Douglass. Vous pourrez ainsi admirer son impressionnante bibliothèque ainsi que sa collection de cannes, dont l'une a été sculptée dans un morceau de bois provenant d'une maison construite par John Brown, et une autre a appartenu à Abraham Lincoln. Jetez un coup d'œil aux haltères qu'il soulevait dans ses exercices quotidiens et essayez de l'imaginer dans sa cabane en pierre du XIXe siècle, baptisée « Le grognoir », en référence au roman de Charles Dickens, son auteur fétiche. Le nom est plutôt bien choisi pour la tanière de celui que l'on surnomme le « lion d'Anacostia ».

Parmi ses multiples propriétés, le n° 2000 17th Street NW dans le quartier historique Striver's Section abrite désormais la seule épicerie japonaise de Washington.

VUE PANORAMIQUE DEPUIS NOTRE-DAME-DU- ❿ PERPÉTUEL-SECOURS

Our Lady of Perpetual Help Catholic Church
1600 Morris Road SE
• josephites.org/parish/dc/olph/ • Tél. : +1 202-678-4999
• Horaires : le belvédère est sur une propriété privée, emprunter l'allée de l'église pour y accéder ; les forts de Washington sont ouverts tous les jours du lever au coucher du soleil, sauf à Thanksgiving, le 25 décembre et le 1er janvier
• Accès : métro Anacostia (ligne verte) puis bus W2 ou W3

Dans le centre historique d'Anacostia, la vue du sommet de Morris Road concurrence le superbe panorama de Cedar Hill, en un lieu où converge la culture sacrée et profane de la ville. Situé à côté d'un fort de la guerre de Sécession, ce terrain, qui

> *Go-go et feux d'artifice à la maison de Dieu*

appartient à l'église catholique Notre-Dame-du-Perpétuel-Secours, est un endroit stratégique pour admirer les feux d'artifice du 4 juillet. Le sanctuaire principal date des années 70, mais la paroisse fut fondée en 1920 par des fidèles afro-américains de St. Teresa Avila, la plus vieille église catholique d'Anacostia. Cette église joséphite (ordre établi en 1871 à la fin de la guerre de Sécession à l'intention des anciens esclaves) est aujourd'hui encore au service de la communauté noire américaine.

La salle paroissiale attenante, baptisée fort à propos la Salle Panorama, accueille non seulement les réceptions après les obsèques et les réunions du conseil municipal, mais aussi des cours de gym et des concerts de musique gospel ou go-go. Parmi tous les espaces de concert de la région, cette salle était sans doute la plus pittoresque pour assister à un spectacle de go-go. Chuck Brown & The Soul Searchers, Little Benny & the Masters, Experience Unlimited, Rare Essence, Trouble Funk… Voilà un petit aperçu des groupes qui ont fait vibrer la salle au son de la conga.

À PROXIMITÉ

REMPARTS EN TERRE DE FORT STANTON

En 1860, Washington, alors capitale de l'Union, ne possédait qu'une seule place forte, Fort Washington, qui protégeait la ville des vaisseaux ennemis lors de la guerre de 1812. Sa position géographique entre l'État confédéré de Virginie et le Maryland esclavagiste rendait la capitale très vulnérable. Au cours des cinq années qui suivirent, l'armée de l'Union construisit 68 forteresses supplémentaires et 60 kilomètres de fortifications ; Washington devint ainsi l'une des villes les plus fortifiées au monde. Des esclaves en fuite venaient se réfugier par centaines dans les forts de la capitale, et nombre d'entre eux se sont installés dans la région à la fin de la guerre. Érigé à l'automne 1861, Fort Stanton défendait le Washington Navy Yard, ancien arsenal et chantier naval de la ville. Aujourd'hui, les ruines du fort sont encore visibles à la lisière du parc au nord-est du belvédère, derrière un panneau informatif. Sur le chemin, vous aurez peut-être la chance d'apercevoir un cerf ou un chevreuil.

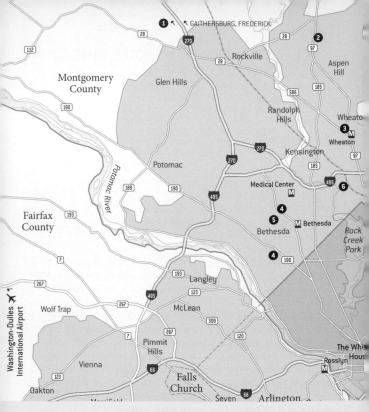

ALENTOURS NORD

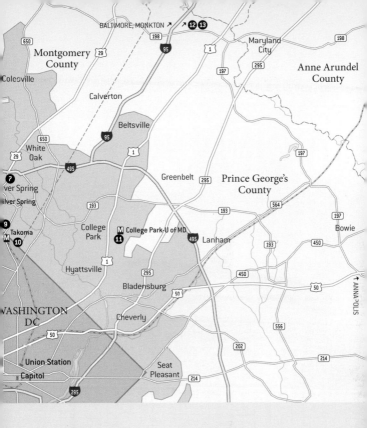

OBSERVATOIRE INTERNATIONAL DE LATITUDE DE GAITHERSBURG ET BORNE DU MÉRIDIEN ❶

Latitude Observatory Park, 100 DeSellum Avenue, Gaithersburg, MD
• gaithersburgmd.gov/leisure/parks-and-fields/observatory-park
• Tél. : +1 301-258-6350
• Le parc est ouvert toute l'année du lever au coucher du soleil. Fin juin, pendant les Gaithersburg Heritage Days, une visite historique de l'observatoire est proposée au public ainsi que des séances d'observation du Soleil, si le temps le permet
• Accès : métro Shady Grove (ligne rouge) puis bus Ride-On 55 jusqu'à Frederick Blvd and Summit Avenue

Mesure de l'oscillation de Chandler

À l'est de l'observatoire s'étend le lycée de Gaithersburg. À l'ouest, tout est paisible, si ce n'est les aboiements d'un grand chien qui surveille depuis son jardin cet étrange édifice en bois doté de persiennes et entouré d'une grille au sein du parc voisin. Dans l'allée pavée menant à l'observatoire, on peut apercevoir toute une série de noms de villes gravés avec leur longitude et leur altitude : Carloforte, Italie. Charjui, Turkestan. Mizusawa, Japon. Ukiah, Californie. Cincinnati, Ohio. Mais pourquoi donc ? Il se trouve que toutes ces villes sont situées à la même latitude que Gaithersburg (Maryland), 39,08°N. En 1898, on installa un observatoire dans chacune d'elles dans le but de mesurer le mouvement en spirale de la Terre autour de son axe et les légères variations de latitude qui en résultent.

Pendant la majeure partie du XXe siècle, les données collectées à l'observatoire carré de 4 mètres de côté de Gaithersburg aidèrent les scientifiques à analyser la rotation de la Terre ainsi que sa composition, ouvrant ainsi la voie à la navigation spatiale. A travers le toit rétractable, un puissant télescope zénithal mesura avec précision la position des étoiles. Earl Williams décrivit la vie à l'observatoire dans un rapport de 1936 : « Je suis en charge de l'observation des variations de latitude… Je travaille pendant que tout le monde dort, avec pour seule compagnie le hululement lointain d'une chouette et les cris incessants des passereaux. »

À 60 mètres au sud de l'observatoire, la borne du méridien, entourée aujourd'hui d'une clôture, était autrefois un outil essentiel au réglage du télescope, qu'il fallait aligner sur les lignes de mire.

Après une interruption pour raisons économiques de 1915 à 1932, la station resta en activité jusqu'à ce que l'observation manuelle soit supplantée par les satellites et l'informatique en 1982. Parmi les cinq bornes géodésiques réparties dans le parc, l'une, datant de 1966, est toujours utilisée pour tester les nouveaux modèles de récepteurs GPS.

L'oscillation de Chandler, cette infime nutation de l'axe de rotation de la Terre, fut découverte par Seth Carlo Chandler en 1891. Sa période est de 433 jours. Ces variations seraient dues à la forme de la Terre, ellipsoïdale aplatie aux pôles et pas parfaitement sphérique, avec un léger bourrelet au niveau de l'Équateur.

MUSÉE NATIONAL DES TRAMWAYS ❷

1313 Bonifant Road
Colesville, MD
• dctrolley.org • Tél. : +1 301-384-6088
• Ouvert samedi et dimanche de 12 h à 17 h, fermés les 24, 25 et 31 décembre et le 1er janvier ; ouvert certains jeudis et vendredis de 10 h à 14 h (15 mars-15 mai, 15 juin-15 août, 1er octobre-15 novembre) ; tours en tramway toutes les 30 minutes environ
• Tarifs : adulte 7 $ (18-64 ans), enfant et senior 5 $ (2-17 ans et plus de 65 ans) ; inclut un accès illimité aux tours en tramway
• Accès : métro Glenmont (ligne rouge), puis bus 26 Montgomery County Ride-On (circule toutes les 30 minutes pendant les heures d'ouverture du musée)

Des transports hors du commun

Après une cinquantaine d'années d'absence, le tramway a fait son grand retour dans les rues de Washington. Durant cet intermède, les rames de tramway de la région furent amoureusement conservées par le National Capital Trolley Museum.

Le tramway avait permis aux citoyens de la capitale et de ses banlieues de se déplacer pendant près d'un siècle, de juillet 1862 à janvier 1962. Les premiers trains, à traction hippomobile, furent supplantés en 1888 par des rames électriques, plus performantes. Ces nouveaux trams étaient alimentés par des lignes aériennes de contact, technique qui marqua le début de l'âge d'or du tramway. Dès 1892, on mit en place l'alimentation par le sol dans toute la région, sous l'administration de la Capital Transit Company. Le réseau s'étendit progressivement jusqu'aux banlieues de Washington situées dans les États du Maryland et de Virginie. Plusieurs innovations dans le secteur des transports publics, dont l'apparition du taxi en 1908 et de l'autobus, lancé en 1923 par la Washington Rapid Transit Company, engendrèrent une concurrence de capacité en voyageurs, qui conduisit finalement à l'abandon du tramway.

La Capital Transit Company fut vendue au financier O. Roy Chalk en 1956, sous réserve qu'il modernise le réseau par un système d'autobus avant 1963. La compagnie fut renommée DC Transit, et l'ultime tramway en service circula pour la dernière fois le 28 janvier 1962. On peut en voir un exemplaire dans la collection du musée, fondé en 1959 et ouvert au public dix ans plus tard.

Ses trésors raviront petits et grands ; l'exposition, fort instructive, contient notamment un modèle en fonctionnement de la première entreprise de tramways électriques Rock Creek Railway, une compilation cinématographique de scènes de tramway et une collection exhaustive de tramways locaux (y compris un chasse-neige de 1899) et internationaux, comme ce tramway anglais de 1934 conçu en forme de bateau ou encore ce tram aérodynamique de La Haye, datant de 1971.

UN TOUR EN TRAM PRIVATISÉ

Des passionnés de tramways en uniforme, tous bénévoles, organisent des tours de 20 minutes dans le Northwest Branch Park. Le tram peut être privatisé et accueillir jusqu'à 45 passagers de tous âges, pour la modique somme de 150 $.

L'ESCALATOR DE LA STATION DE MÉTRO WHEATON ❸

Georgia Avenue et Reedie Drive
Wheaton, MD
Accès : métro Wheaton (ligne rouge)

> **L'escalator**
> **le plus interminable**
> **de l'Ouest**

Même si l'Europe de l'Est détient le record du monde des plus grands escaliers mécaniques avec les escalators très raides de Moscou, Saint-Pétersbourg, Kiev et Prague, le métro de Washington ne se défend pas si mal. Si l'on faisait un sondage auprès des usagers en leur demandant de trouver le plus long escalator du réseau, ils songeraient peut-être aux stations à fort trafic Dupont Circle (DC) ou Rosslyn (Virginie), mais la réponse se trouve dans la ville de banlieue de Wheaton (Maryland).

Dans cette station de métro à plus de 40 mètres de profondeur, l'escalator de 70 mètres de long se déplace à une vitesse de 1,5 kilomètre par heure, selon un angle de 30 degrés. La montée dure environ 2 minutes et 45 secondes, ce qui nous laisse le temps de réfléchir à d'autres statistiques. La station suivante sur la ligne rouge, Forest Glen, est si profonde (60 mètres, soit 21 étages) que l'on ne peut accéder au quai qu'en ascenseur à grande vitesse, en seulement 20 secondes. À Washington, on monte les 47 mètres de la station Woodley Park-Zoo-Adams Morgan au moyen de deux escaliers roulants. La station Rosslyn, sur les lignes bleue et orange, possède le cinquième plus grand escalator (60 mètres). Les quatre plus grands sont tous situés sur la ligne rouge : Medical Center (61 mètres), Woodley Park-Zoo-Adams Morgan (62 mètres), Bethesda (65 mètres) et enfin Wheaton (70 mètres).

Au niveau de la sortie du métro, une sculpture en bronze de 2 mètres de haut, intitulée The Commuter et réalisée par l'artiste du Maryland Marcia Billig, nous rappelle l'histoire de ce quartier. Commandée par le conseil Montgomery County Arts dans le cadre d'un projet d'architecture publique, la statue représente un homme pressé en patins à roulettes, traînant son journal et son attaché-case derrière lui, la cravate au vent. Les adultes y verront un symbole de la folie des transports en commun et les plus jeunes s'amuseront des rollers et de la position de la statue.

À 5 minutes de bus (ligne Y8) s'étend le parc régional de Wheaton, accessible au niveau du 2002 Shorefield Drive. Si vous venez avec vos enfants, n'oubliez pas l'incontournable train à vapeur miniature, qui vous fera faire le tour du parc en 12 minutes. Ne vous y trompez pas, c'est une vraie réplique à taille réduite de la locomotive à vapeur de 1863 C.P. Huntington, en hommage au président de la Southern Pacific Company, Collis P. Huntington. Les rails traversent un pont à tréteaux avant de longer le lac, bref, c'est un merveilleux retour à l'âge d'or des trains à vapeur.

POTEAU INDICATEUR INTERNATIONAL

Le long du Capital Crescent Trail (CCT)
Bethesda, MD
• Coordonnées GPS : 38°56'49,0»N 77°06'56,0»W, entre les bornes 5,5
et 6 miles
• cctrail.org
• Accès : métro Bethesda (ligne rouge) ; l'entrée du CCT Bethesda se
trouve à 500 mètres au sud du métro, au niveau du croisement de
Woodmont Avenue et de Bethesda Avenue

*Un parcours
surprise*

Le National Museum of American History abrite le panneau indicateur original de la série télévisée M*A*S*H, sans doute le plus célèbre aux États-Unis. Ce dernier signale la distance entre le MASH, près de Séoul, et les villes d'origine des différents personnages, telles que Boston, Burbank et Tolède. De la même façon, de curieux panneaux jalonnent le superbe Capital Crescent Trail, entre les miles 5,5 et 6, pour indiquer l'emplacement de Zamboanga, Malindi et Flåm, au cas où les promeneurs seraient pris d'un besoin irrépressible de se situer par rapport à l'agglomération péninsulaire des Philippines, à la ville côtière kényane et au village norvégien.

Si l'on en croit la rumeur, ce panneau ferait référence aux nombreux

voyages du propriétaire, mais à qui diable appartient-il ? Le poteau est planté entre un grillage ouvert et une clôture en bois bien plus haute ; l'emplacement invite à l'exploration, mais ne livre aucun indice. Les écriteaux verts, qui indiquent encore quelques autres destinations lointaines, sont plus ou moins masqués par la végétation, selon l'époque de l'année. L'été, ils disparaissent sous un enchevêtrement de branches d'arbres, de vignes et d'arbustes. En automne, ils ressortent plutôt bien au milieu des tons fauves, mais c'est en hiver que le panneau se révèle entièrement. La douceur printanière se prête merveilleusement à la promenade, mais la nature en pleine effervescence ne facilite pas la quête.

L'ARBRE D'HIPPOCRATE

Grâce aux miracles de la biotechnologie du XXIe siècle, un arbre antique prospère éternellement au National Institutes of Health (NIH). La légende veut qu'en Grèce, Hippocrate, le père de la médecine moderne, enseignât à l'ombre d'un platane. Une bouture de l'arbre en question fut plantée sur le site du NIH en 1962, où elle s'épanouit jusqu'à l'apparition d'un champignon dans les années 80. L'Archangel Ancient Tree Archive, en charge de la propagation d'arbres remarquables et de l'enregistrement de leur patrimoine génétique, clona alors l'arbre légendaire. Planté en avril 2014, l'arbrisseau se dresse à l'emplacement exact de son aïeul. Bibliothèque nationale de Médecine, 8600 Rockville Pike, Bethesda, MD. Accès : métro Medical Center (ligne rouge).

CERISIERS DE KENWOOD

Dorset Avenue et Brookside Drive
Chevy Chase, MD
• Accès : métro Bethesda (ligne rouge)

Chaque printemps, alors que la foule se presse le long du Tidal Basin, appareil photo brandi, pour assister au Cherry Blossom Festival de Washington (voir encadré ci-dessous), certains patientent quelques jours de plus pour profiter, en toute tranquillité, de la floraison de plus de mille cerisiers du Japon du quartier pittoresque de Kenwood, dans le Maryland.

> *Cerisiers du Japon en fleurs loin de la foule déchaînée*

L'aménagement paysager de Kenwood a en effet joué un rôle prépondérant au moment de sa création dans les années 20. On planta des arbres à fleurs le long de ses rues en lacets avant même que la première maison ne soit construite. Située dans la partie ouest du quartier de Chevy Chase, qui jouxte la ville bien plus peuplée de Bethesda, cette zone résidentielle prévue pour accueillir 300 manoirs sur d'anciennes terres arables attira les propriétaires grâce à son prestigieux country club.

Laissez-vous enchanter par une promenade au milieu de cette profusion florale. Une légère brise s'engouffre sous la voûte des arbres et libère leurs confettis dans un ruisseau limpide qui traverse les pelouses de Brookside Drive. Un merveilleux tapis de pétales roses amortit les pas. Des bancs invitent à la contemplation et des enfants tout sourire nous proposent de la limonade.

Les « Kenwoodiens », tel que se surnomment les habitants de ce quartier chic où résidait le journaliste William Safire, sont très attachés à leurs arbres, mais ils ne se montrent pas moins chaleureux envers les visiteurs qui souhaitent profiter de ce don de la nature. Prenez donc une couverture et venez pique-niquer à l'ombre des arbres en fleurs. Mais surtout, ne laissez pas vos déchets derrière vous.

À PROXIMITÉ

MINI-BIBLIOTHÈQUE POUR MARMOTS
Avec son toit mansardé et sa façade festonnée, ce petit cottage d'une pièce situé au 10237 Carroll Place à Kensington, qui abrite la Noyes Library for Young Children, ressemble un peu à une maison en pain d'épice. Ouverte en 1893 dans le comté de Montgomery (Maryland), c'est la plus vieille bibliothèque publique de la région de Washington. Ouverte mardi, jeudi et samedi de 9 h à 17 h et mercredi de 13 h à 18 h ; tél. : +1 240-773-9570.

De mi-mars à mi-mai, le Seneca Valley Sugarloafers Volksmarch Club parraine une marche dans le quartier de Kenwood en journée : le Kenwood Cherry Blossoms and Spring Flowers Walk. Lorsque la floraison des cerisiers est terminée, d'autres arbres prennent le relais et l'on peut notamment admirer de superbes azalées. Prenez un plan gratuit au Starbucks situé au 4611-E Sangamore Road, dans le centre commercial de Bethesda, The Shops at Sumner Place.

MUSÉE NATIONAL DE LA SANTÉ ET DE LA MÉDECINE ❻

2500 Linden Lane
Silver Spring, MD
• medicalmuseum.mil
• Ouvert tous les jours de 10 h à 17 h 30, y compris le week-end et les jours fériés ; fermé le 25 décembre
• Entrée gratuite ; présenter une pièce d'identité
• Accès : métro Forest Glen (ligne rouge)

> *Curiosités médicales et témoins historiques*

Depuis sa fondation, en 1862, le National Museum of Health and Medicine n'a cessé d'enrichir son fonds et expose toute une pléiade d'objets et de spécimens rares, tels qu'un fœtus atteint de sirénomélie, dont les jambes collées rappellent la queue d'une sirène, ou encore ce superbe microscope en cuir gaufré du XVIIe siècle. Fidèle à son esprit d'origine, le musée possède également toute une collection de squelettes de vétérans de la guerre de Sécession. Le brigadier général William Alexander Hammond, chef des services de santé de l'US Army, a chargé l'institut de réunir « tous les spécimens d'anatomie morbide, que ce soit sur le plan médical ou chirurgical, possédant une certaine valeur, ainsi que les projectiles et autres corps étrangers qui présentent un quelconque intérêt pour l'étude de la médecine militaire ».

Les différentes collections, réparties entre les catégories anatomique, historique, neuroanatomique, le centre d'anatomie du développement humain et le département d'archives historiques Otis, balaient un large éventail de curiosités de la médecine humaine (et parfois animale). Bien que le musée soit ouvert au public, il abrite aussi un centre de recherche accessible aux chercheurs sur rendez-vous.

L'établissement abrite également les reliques de nombreux présidents américains, tels qu'Abraham Lincoln et James A. Garfield, et de leurs assassins, John Wilkes Booth et Charles Guiteau. Ce dernier, atteint de troubles psychiatriques, tira sur Garfield lorsqu'il se vit refuser le poste d'ambassadeur. Le président fut d'abord touché au bras, puis une seconde balle vint se loger derrière la douzième vertèbre dorsale. Il mourra des suites de ses blessures après onze semaines d'agonie. Garfield aurait probablement survécu si sa blessure avait été soignée avec du matériel stérile, mais, en 1881, les antiseptiques n'étaient pas encore très répandus. Lors de l'autopsie, les médecins légistes de l'institut retirèrent la vertèbre touchée pour l'analyser et étudier l'infection. Guiteau fut pendu pour son crime, et son squelette ainsi qu'une partie de son cerveau sont conservés dans la réserve du musée.

LA BALLE QUI TUA GARFIELD ET LE RAPPORT DE L'AUTOPSIE
À 30 minutes à peine, les archives historiques de la Kiplinger Library abritent le rapport manuscrit de l'autopsie ainsi que la balle tirée dans le dos du vingtième président des États-Unis.

ÉGLISE CATHOLIQUE UKRAINIENNE DE LA SAINTE-TRINITÉ ❼

16631 New Hampshire Avenue
• Silver Spring, MD • Tél. : +1 301-421-1739
• Visites après la Divine Liturgie (dimanche à 10 h 30) ou lors des ventes de charité et d'autres événements spéciaux
• Accès : métro Silver Spring (ligne rouge) puis bus Z2 (service limité), le plus simple est de s'y rendre en voiture

Dans le comté de Montgomery (Maryland), toute une panoplie d'églises borde la New Hampshire Avenue sur un tronçon de 15 kilomètres surnommé la « route du Paradis », symbole de la diversité religieuse de la métropole.

Merveille architecturale sur la route du Paradis

On peut notamment apercevoir une synagogue, une mosquée, une église adventiste du septième jour, un temple bouddhiste cambodgien, un temple hindou et une salle du Royaume des témoins de Jéhovah, le tout en 10 minutes de voiture.

Dans une clairière isolée près du terrain de golf Hampshire Greens et du centre équestre Woodland se dresse l'église catholique ukrainienne de la Sainte-Trinité. Cette paroisse catholique de « rite oriental » sert de lieu de culte à plus d'une centaine de familles ukrainiennes.

L'édifice traditionnel a été construit, dans les années 90, selon les normes de l'architecture sacrée houtsoule des Carpates ukrainiennes, qui perdure depuis plusieurs centaines d'années. Comme le veut la tradition, l'église en bois de tsuga a été bâtie quasi exclusivement à l'aide de clous en bois, et non en métal. Le maître d'œuvre ukrainien, Yuriy Kostiw, a également respecté le plan en croix traditionnel, symbole du salut chrétien, ainsi que le dôme polygonal et les différents toits. L'intérieur en bois, à la fois simple et chaleureux, est égayé par une iconostase (mur d'icônes caractéristique des églises catholiques orientales) peinte par l'artiste ukrainien Peter Andrusiva. Parmi les nombreuses icônes, on peut en citer six principales : Jésus-Christ, la Vierge à l'Enfant, saint Constantin et sainte Hélène, les archidiacres Philippe et Stéphane, et saint Nicolas.

La congrégation accueille volontiers les visiteurs, dans l'espoir de «continuer à partager ce remarquable patrimoine ukrainien avec le public américain». Chaque année, au mois de novembre, a lieu une exposition d'art, à laquelle participent de nombreux artistes ukrainiens.

En descendant la « route du Paradis », vous apercevrez peut-être les dômes dorés surmontés d'un crucifix de l'autre église ukrainienne, Saint Andrew Ukrainian Orthodox Cathedral. Chaque détail a son importance. Le dôme central représente Jésus, et les quatre dômes plus petits, les quatre évangélistes : Matthieu, Marc, Luc et Jean (15100 New Hampshire Avenue).

KIOSQUE EN FORME DE GLAND GÉANT ❽

Acorn Park
1190 East-West Highway
Silver Spring, MD
• silverspringdowntown.com/go/acorn-park
• Accès : métro Silver Spring (ligne rouge)

Naissance de Silver Spring

C'est dans un petit coin de verdure au nord de Washington que furent échangés des vœux de mariage, donnant ainsi naissance à l'un des quartiers les plus peuplés du Maryland. En 1840, le rédacteur en chef du Washington Globe, Francis Preston Blair (ancien propriétaire de Blair House, où résident aujourd'hui les invités du président), se mit en quête d'un terrain surélevé où faire bâtir sa résidence d'été pour échapper à l'air pollué du centre-ville. On raconte que lors du voyage de Blair et de sa fille Elizabeth vers le nord, son étalon Selim s'arrêta pour boire à une source dont les paillettes de mica renvoyaient des reflets argentés. Conquis, il décida de s'installer là, et baptisa son domaine « Silver Spring ».

En souvenir de sa demande en mariage à sa femme Eliza à l'ombre d'un chêne, Blair chargea le charpentier Benjamin C. King, en 1850, de construire un kiosque en forme de gland près de la source. Un siècle et demi plus tard, le dôme en cuivre, rénové dans les années 90, est toujours là. On peut également voir la grotte en pierre érigée en 1894 à l'emplacement de la source, tarie depuis longtemps. Les peintures murales de l'artiste Mame Cohalon retracent l'histoire de Silver Spring, depuis la construction de la résidence de la famille Blair.

Bien que le parc soit le dernier vestige de l'ancienne propriété, le nom de Blair reste très présent dans le quartier, comme l'attestent les rues Blair

Road et Blair Mill Road, ainsi que l'établissement Montgomery Blair High School, en l'honneur du fils de Francis et Eliza, ou encore le restaurant Blair Mansion Inn.

Installez-vous sous le toit de ce kiosque pittoresque, qui aurait même abrité le président Lincoln, et admirez la petite grotte où tout a commencé.

À PROXIMITÉ

L'ANCIENNE USINE D'EMBOUTEILLAGE DE CANADA DRY

De 1946 à 1999, ce bâtiment arrondi en briques avec sa rotonde en verre rendit hommage à la boisson qui avait fait la célébrité de l'usine d'embouteillage de Canada Dry du 1201 East-West Highway. Convaincus que « les usines peuvent être belles », ses architectes, Russell et Walter Monroe Cory, installèrent un sol en granito à motifs circulaires dans le hall d'entrée pour rappeler les bulles de soda. L'escalier en colimaçon semble également imiter le mouvement ascendant du gaz carbonique. Le bâtiment fut classé monument historique grâce aux efforts de la Silver Spring Historical Society, avant d'être transformé en appartements. À l'intérieur, les émaux restaurés ont retrouvé leur éclat et scintillent comme des bulles de Canada Dry. (Le hall peut être visité du lundi au vendredi de 9 h à 17 h, sonner au numéro 003.)

MUSÉE DE LA MÉDITATION ❾

9525 Georgia Avenue
Suite 101
Silver Spring, MD
• meditationmuseum.org
• Tél. : +1 301-588-0144 ou +1 301 660-0065
• Ouvert du lundi au samedi de 11 h à 18 h
• Entrée gratuite ; les dons sont bienvenus et déductibles d'impôts
• Accès : métro Forest Glen (ligne rouge)

> *Voyage au
> cœur de l'esprit*

Installé au-dessus d'un magasin de disques de la stressante Georgia Avenue à Silver Spring, le musée de la méditation Brahma Kumaris n'était à l'origine rien d'autre qu'un lieu tranquille, où de nombreux visiteurs venaient se réfugier pour échapper au tumulte extérieur et découvrir la force transformatrice du calme. Depuis, ce havre de paix a déménagé dans des locaux plus grands. On y trouve bien entendu des objets, des panneaux didactiques, des expositions temporaires et même une petite boutique, mais le musée comprend aussi une salle de méditation silencieuse. Faites tourner la « roue des vertus » et réfléchissez à la façon dont une certaine qualité peut influencer votre vie. Tout est fait pour favoriser un retour à soi et préparer son voyage intérieur. Ce musée de la capitale politique américaine est un endroit neutre qui propose une méditation guidée « sans orientation politique ni religieuse », explique d'une voix douce sa fondatrice Jenna Mahraj, convaincue qu'au moyen d'une pratique contemplative, nos « qualités naturelles peuvent permettre de créer une meilleure diplomatie », et opérer ainsi des changements universels.

En ce qui concerne la région de Washington, le musée tenu par des bénévoles propose des activités variées à un large public. La méditation est un outil de survie qui aide aussi bien le personnel stressé de la fonction publique que les enfants des quartiers défavorisés à surmonter les épreuves de la vie. Selon Jenna, son objectif est de « prendre conscience de notre vraie nature et de nos responsabilités envers l'humanité ». Elle évoque la nécessité de libérer l'esprit des pensées négatives qui nous empêchent de faire l'expérience de la joie ; la méditation permet de s'affranchir de la colère, de la luxure, de l'avidité, de l'attachement et de l'ego.

Gita, la mère de Jenna, ajoute : « Cela me rend tellement heureuse de voir les visiteurs s'ouvrir et s'épanouir petit à petit. ». Guérie d'un cancer, elle croit au pouvoir de l'intention ; durant son traitement, elle a imaginé la chimiothérapie comme un remède divin. De nouvelles initiatives élargissent encore la portée du musée. L'application Pause for Peace offre ainsi un moment de pleine conscience au cours de la journée, et Jenna a également créé un programme radio, America Meditating. En 2015, un deuxième musée de la méditation a ouvert ses portes à McLean (Virginie) au 1984 Chain Bridge Road.

STATUE DU COQ ROSCOE

Au croisement de Laurel Avenue et Carroll Avenue
Takoma Park, MD
Accès : métro Takoma (ligne rouge)

> *Il se
> pavane en paix
> pour l'éternité*

Le bourg de Takoma Park se trouve dans la banlieue nord de Washington, à la limite des comtés de Montgomery et de Prince George (Maryland). Entourée de quartiers historiques, Takoma Park fut l'une des premières villes de la banlieue de Washington, fondée à la fin du XIXe siècle sur la ligne de chemin de fer. Ses rues aux noms d'arbres donnaient une sensation de fraîcheur, loin de la canicule et des embouteillages du centre-ville. Située près de sources naturelles, elle pouvait approvisionner ses habitants en eau potable. Au cours du XXe siècle, le charme nostalgique de ses pavillons et de ses grandes maisons victoriennes incita les riverains progressistes à conserver cette atmosphère de petite ville et son esprit de tolérance.

Un coq nain, sorti de Dieu sait où, se pavanait au milieu de la ville, faisant la joie et le malheur des habitants pendant une dizaine d'années (de 1989 à 1999), avec son chant et ses déambulations téméraires. Toujours à traîner dans le coin, l'oiseau vagabond fut surnommé « Roscoe » par les adultes et « Chick-Chick » par les enfants du quartier. Quand une fâcheuse collision avec un 4x4 lui ôta la vie le 15 février 1999, les résidents jugèrent bon de faire dire une messe en son honneur. Ils furent nombreux à assister à la cérémonie, intitulée tour à tour Requiem pour un coq et Funérailles pour une volaille, pour remercier Roscoe de les avoir réveillés chaque matin. Les adieux s'achevèrent par trois cocoricos bien à propos.

Le voisin Joan Horn lança un projet collectif pour ériger un monument en hommage à la mascotte à plumes de la ville, près du lieu de l'accident. Le très renommé sculpteur local Normon Greene réalisa un modèle en argile à partir de photographies de Roscoe, qui lui valut d'être choisi à l'unanimité par le Comité commémoratif pour construire une sculpture en bronze grandeur nature à l'effigie de Roscoe. On inaugura la statue en 2002, avec l'inscription suivante :

ROSCOE (ALIAS CHICK-CHICK) 1989-1999
Ce coq rebelle, qui décida de s'installer dans notre ville, fut nourri et protégé par Alan Daugharthy et Alma Keating, et apporta de la joie à nos vies citadines.

La statue commémorative se trouve dans Laurel Avenue, juste à l'est de la limite entre le district de Columbia et l'État du Maryland, au niveau d'Eastern Avenue. L'oiseau se dresse à l'ombre de la modeste tour-horloge, lieu emblématique du centre-ville. Tête haute, poitrine en avant, il surveille d'un air hautain le marché de Takoma chaque dimanche, ainsi que différents festivals tout au long de l'année. Pour plus de fantaisie, la joviale statue est parfois décorée : un bonnet de père Noël pour les fêtes, une écharpe en tricot pour la protéger du froid et une guirlande de perles multicolores pour Mardi gras.

MUSÉE DE L'AVIATION DE COLLEGE PARK

1985 Corporal Frank Scott Drive
College Park, MD
- collegeparkaviationmuseum.com • Tél. : +1 301-864-6029
- Ouvert tous les jours de 10 h à 17 h ; fermé la plupart des jours fériés ; parking gratuit
- Tarifs : adulte 5 $, senior 4 $, groupe (à partir de 10 personnes) 3 $ chacun, enfant 2 $
- Accès : métro College Park-UMCP (ligne verte)

*Hommage
aux prouesses de
l'aviation*

Surplombant les abords de la piste d'atterrissage, le musée de l'Aviation rend à la fois hommage à l'aéroport historique de College Park (CPA, voir ci-contre) et au patrimoine aéronautique de la région. Ce complexe ultramoderne, affilié à l'Institut Smithsonian, a été conçu par la même entreprise que le grand National Air & Space Museum du centre-ville. Le musée abrite une collection succincte d'avions, de matériel aéronautique et de documents d'archives, et optimise l'espace en alternant les objets exposés et les stands interactifs afin d'éveiller la curiosité de tous, petits et grands.

Un robot de Wilbur Wright accueille les visiteurs dans un hangar reconstitué qui mène à la galerie principale, où 10 aéronefs exposés dans l'ordre chronologique racontent l'histoire de l'aérodrome, parmi lesquels une réplique de Wright Model B de 1910, utilisé aux débuts du CPA, un Berliner Helicopter No. 5 de 1924, qui réalisa le premier vol en hélicoptère de l'aérodrome, ou encore cet Ercoupe 415 D conçu par l'ancienne Engineering and Research Company (ERCO) de Riverdale, dans le Maryland.

Le Boeing-Stearman Model 75 était utilisé pour les courses aériennes et les spectacles de voltige durant l'âge d'or de l'aéroport. Le Stearman,a sa propre histoire. C'est à bord de cet avion biplace que le pilote Gus McLeod réalisa le premier vol à cockpit ouvert au-dessus du pôle Nord en avril 2000. Après son dernier vol au Festival d'aviation de College Park en septembre de la même année, McLeod offrit ce biplan de 1941 au musée.

Le musée présente également des événements plus récents, tels que l'histoire de cette adolescente de 15 ans, Kimberly Anyadike, la plus jeune Afro-américaine à avoir survolé le pays d'ouest en est. Accompagnée de l'éminent copilote « Tuskegee Airman » Levi Thornhill, la jeune fille partit de Compton, en Californie, et atterrit à Newport News, en Virginie, après une escale dûment saluée à College Park. Des audioguides en français, anglais ou espagnol peuvent être téléchargés gratuitement sur le site, écoutez-les avant d'aller voir l'exposition.

LE PLUS VIEIL AÉROPORT AU MONDE DONT L'ACTIVITÉ N'AIT JAMAIS CESSÉ

Toujours très actif depuis sa création en 1909, College Park Airport est le plus vieil aéroport au monde dont l'activité n'ait jamais cessé. Connue comme le « berceau de l'aviation », cette ancienne parcelle de 65 hectares jouxtant la compagnie de chemin de fer B & O Railroad servait à l'origine de terrain d'entraînement aux pilotes de l'armée de l'air. L'United States Air Signal Corps engagea Wilbur Wright, l'aîné des célèbres frères Wright, pour apprendre aux lieutenants Frederick Humphreys et Frank Lahm à piloter le premier avion du gouvernement américain, un biplan Wright Model A. Peu après, des avions de ligne firent également leur apparition à l'aérodrome, comme ceux de la Rex Smith Company.

UN AÉROPORT QUI A MARQUÉ L'HISTOIRE

1909 : première femme à bord d'un avion aux États-Unis et premier vol militaire en solo. 1911 : première école d'aviation de l'armée et premier viseur de bombardement testé depuis un avion. 1912 : premier accident d'avion militaire, premier test de mitrailleuse depuis un avion et premier vol militaire à 1 mile d'altitude (environ 1 600 mètres). 1918 : inauguration du premier service postal des États-Unis après le lancement du service aéropostal (cf. page 165), transféré du département de la Guerre à l'US Post Office et déménagé du stade Polo Grounds de Washington (SW). 1924 : premier vol contrôlé en hélicoptère. 1927 : premier système de radionavigation, pour aider les pilotes en cas de mauvaise visibilité, conçu et testé par le Bureau of Standards.

George Brinckerhoff prit la direction de l'aéroport en 1927 et pendant trente-deux ans, il forma plusieurs centaines de pilotes et organisa de nombreux meetings aériens, pour le bonheur des spectateurs, qui se mettaient toujours sur leur trente et un. Lorsque Brinckerhoff tomba malade en 1959, l'aéroport connut une période de déclin, mais les passionnés d'aviation de la région se mobilisèrent pour le sauver. En 1973, la Maryland-National Capital Park and Planning Commission racheta l'aéroport pour relancer son activité et préserver son cœur historique. Il fut classé monument historique en 1977, et en 1981, le musée de l'Aviation de College Park ouvrit ses portes.

Photo de Brinckerhoff, Prince George's County Historical Society

MILLSTONE CELLARS

2029 Monkton Road
Monkton, MD
- millstonecellars.com • Tél. : +1 443-470-9818
- Ouvert samedi de midi à 18 h, dimanche de midi à 16 h
- Visites et dégustations gratuites le week-end
- Pas accessible en métro, consulter le site Internet pour l'accès

Renaissance du breuvage des abeilles

Si l'on suit Monkton Road à travers le village éponyme du Maryland, on finira par apercevoir un camion de pompiers rouge vif de marque Ford. Tout de suite après, une ardoise indique l'entrée de Millstone Cellars, petite entreprise artisanale de cidre et d'hydromel tenue par un père et son fils. Cet ancien moulin à grain et distillerie de 1840 accueille les visiteurs tous les samedis et dimanches après-midi pour une visite-dégustation. Venez admirer l'intérieur du moulin astucieusement réaménagé, avec son mécanisme impressionnant, goûter les différents hydromels et observer leur fabrication.

Bien avant que l'homme ne confectionne de l'alcool de grain ou de raisin, les abeilles alchimistes transformaient déjà le nectar des fleurs en un liquide doré. Le miel ainsi formé, mélangé à de l'eau de pluie, donna naissance à la première boisson fermentée, comme en attestent des céramiques du nord de la Chine datant de plusieurs milliers d'années avant Jésus-Christ. On retrouve également cette tradition antique dans des régions du nord et du sud de l'Afrique. Le tej en Éthiopie et l'iQhilika fabriquée en Afrique du Sud par l'ethnic xhosa sont des produits de base de l'alimentation.

La racine du terme sanscrit madhu, qui figure dans les hymnes du Rig-Véda, se retrouve dans le nom anglais de l'hydromel : mead. Négligé pendant des siècles, cet élixir à base de miel est de nouveau au goût du jour dans les pays occidentaux. Pour faire face à la demande, Curt et Kyle Sherrer s'approvisionnent en miel auprès des meilleurs apiculteurs de la région et élaborent leur hydromel selon les méthodes traditionnelles. Mais les Sherrer ne sont pas des puristes pour autant et ils ajoutent volontiers des ingrédients insolites tels que des piments locaux « fish peppers » pour rehausser le goût des trois composants incontournables, à savoir le miel, l'eau et la levure. Produit en toutes petites quantités, le breuvage est ensuite vieilli en fût de chêne pendant 6 à 24 mois.

L'ORIGINE DE LA LUNE DE MIEL
Le voyage de noces effectué par les jeunes mariés pour bien commencer leur vie conjugale a un lien direct avec l'ingestion d'hydromel. Selon une coutume médiévale, on incitait les couples à consommer ce nectar divin durant le mois lunaire suivant les noces pour hâter la venue d'un heureux événement.

JARDINS TOPIAIRES DE HARVEY S. LADEW 🔞

3535 Jarrettsville Pike
Monkton, MD
• ladewGardens.com • Tél. : +1 410-557-9570
• Les jardins, le manoir et la promenade sont ouverts tous les jours de 10 h à 17 h, du 1er avril au 31 octobre, y compris le 4 juillet, le dernier lundi du mois de mai (Memorial Day) et le 1er lundi de septembre (Labor Day)
• Les jardins sont situés dans le superbe comté de Baltimore, profitez-en pour visiter les environs

Les jardins enchantés de Harvey aux mains d'argent

Le long de la route, de vastes champs de tournesols s'étendent en une explosion de couleurs, de splendides vaches Holstein ponctuent le paysage de leurs taches noires et blanches et des chevaux vigoureux galopent à perte de vue. Charmant préambule à la visite des jardins topiaires de Harvey S. Ladew, que l'on doit à sa passion pour la chasse et le jardinage.

Élevé au cœur du Gilded Age dans une famille aisée, à cheval entre Long Island et l'Europe, Ladew parla français, la langue de sa nourrice, avant de parler anglais. Il prit des cours de dessin auprès des conservateurs du Metropolitan Museum of Art et son style vestimentaire fut dicté par son oncle maternel, un célèbre dandy. Quand il atteint la vingtaine, un vaste héritage en poche, il se lança dans une vie aventureuse, pleine de grâce et de fantaisie, aux côtés de ses amis Cole Porter, Colette, le duc et la duchesse de Windsor ou encore T. E. Lawrence dit d'« Arabie ».

Lorsque la culture de la chasse au renard de Long Island disparut sous l'effet de la suburbanisation, Ladew remarqua que la vie sportive du Maryland lui convenait très bien et il acheta ce terrain de 100 hectares avec sa ferme en 1929. Alors que les États-Unis étaient sous le choc du krach boursier, il entreprit de rendre habitable cette maison de 1747 sans eau ni électricité. Il mit une dizaine d'années à transformer cette habitation rustique en une remarquable demeure anglaise et construisit notamment une superbe bibliothèque ovale pour installer son bureau ovale unique de style Chippendale et sa collection de 1 500 livres (essayez donc de repérer la trappe secrète de son propriétaire…).

À l'extérieur, il aménagea 15 jardins thématiques au charme différent, certains dotés de statues, de fontaines, de kiosques ou même d'un bassin koï, d'autres resplendissant d'une seule couleur. Ils invitent les visiteurs à flâner au milieu de toutes ces merveilles. Lors de sa deuxième visite, Susan Snow déclara : « C'est incroyable. Vous pouvez venir autant de fois que vous voulez, vous découvrirez toujours quelque chose de nouveau qui vous avait échappé. » Depuis la scène de chasse au renard jusqu'aux cygnes du bassin de Great Bowl, en passant par la forteresse pyramidale à côté du manoir, toutes les sculptures plus vraies que nature du topiariste autodidacte vous enchanteront. Le salon de thé Tivoli est une pure merveille et au bout de la passerelle, les joueurs de bridge peuvent s'entraîner dans la Salle des cartes, qui surplombe le terrain menant à la nouvelle Maison des papillons.

Soucieux de garantir la postérité de son œuvre insolite, Harvey S. Ladew fonda un organisme à but non lucratif pour que le domaine continue à

être entretenu après sa mort. L'intérieur de la demeure est parfaitement authentique, la moindre peinture de cheval ou figurine de renard était déjà là de son vivant.

Berceau de la chasse au renard en Amérique : En 1650, Robert Brooke émigra d'Angleterre en 1650 pour s'installer dans le Maryland avec sa meute de chiens et introduisit la chasse au renard dans le Nouveau Monde.

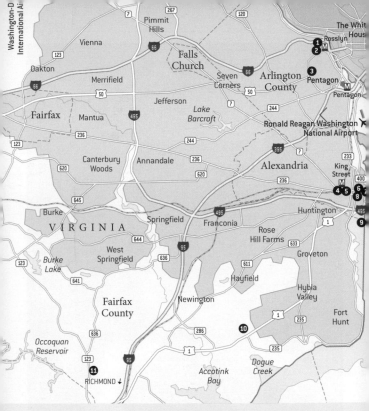

ALENTOURS SUD

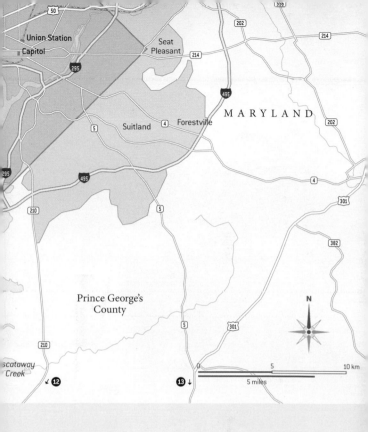

DARK STAR PARK DAY ❶

1655 North Fort Myer Drive (terre-plein attenant)
Arlington, VA
• rosslynva.org
• Accès : métro Rosslyn (lignes bleue, orange ou grise)

*Quand
le soleil célèbre
l'histoire*

Non loin du célèbre US Marine Corps War Memorial, qui immortalise la pose du drapeau américain sur l'île japonaise d'Iwo Jima, on peut apercevoir une curieuse sculpture. Deux sphères géantes flanquées de poteaux en acier reposent sur un terre-plein triangulaire à la jonction de North Lynn Street et de North Fort Myer Drive. Sur le sol, une couche d'asphalte indique l'emplacement de leur ombre au 1er août à 9 h 32, si le soleil est au rendez-vous. L'installation, qui fait partie d'une œuvre de Nancy Holt, pionnière du land art, commémore l'achat du quartier par William Henry Ross le 1er août 1860. Le nom du village urbain de Rosslyn est d'ailleurs un mot-valise formé à partir de « Ross » et du prénom de sa femme, Carolyn.

L'aménagement du terrain en friche de 2 700 mètres carrés s'étala de 1979 à 1984 et Dark Star Park fut ainsi le premier projet artistique d'envergure du comté d'Arlington. Dans une approche avant-gardiste de l'art public, Nancy Holt ne se contenta pas de créer les sculptures du parc ; c'est aussi elle qui réalisa les plans du parc et elle participa également au comité d'architecture responsable de la conception du bâtiment voisin. Le parc est scindé en deux parties distinctes par North Fairfax Drive. Au nord du terre-plein triangulaire s'étend un petit bosquet de saules et de chênes, avec de l'herbe et des plantes grimpantes, ainsi que des bassins réfléchissants et des tunnels végétalisés. Des chemins sinueux imitent la forme des routes alentour, et l'emplacement stratégique des sphères modifie notre perception spatiale, quel que soit l'angle d'observation.

Les sculptures sont conçues à partir de matériaux en lien avec l'architecture du quartier : la gunite (béton projeté), la pierre, l'asphalte et l'acier. Les sphères, ces « étoiles sombres » imaginées par l'artiste, représentent les corps célestes qui sont tombés et ne scintillent plus, symboles du contact intime entre le cosmos et la Terre.

Chaque année, le 1er août, les habitants d'Arlington se rassemblent sur le tertre entre 9 h et 10 h pour célébrer à l'heure solaire la fondation historique de Rosslyn. En 2014, pour le 30e anniversaire de l'installation, la couverture nuageuse empêcha néanmoins de percevoir l'alignement des ombres ; peut-être la nature était-elle en deuil suite au décès de Nancy Holt...

Curieusement, le 1er août est la date d'anniversaire de Jerry Garcia, fondateur du groupe Grateful Dead et auteur de Dark Star, l'un de leurs principaux tubes.

JARDIN SUSPENDU À FREEDOM PARK ❷

Freedom Park
1101 Wilson Boulevard
Rosslyn, VA
- www.rosslynva.org/go/freedom-park Ouvert du lundi au vendredi de 9 h à 17 h
- Accès : métro Rosslyn (lignes orange ou grise)

> *Espace vert dans l'atmosphère*

À l'époque où le musée interactif Newseum, consacré à l'information et au journalisme, se trouvait encore sur le Wilson Boulevard à Arlington, son toit, Freedom Park, abritait notamment des segments du mur de Berlin et un monument à la mémoire des journalistes décédés. Lorsque le musée emménagea en 2003 dans ses nouveaux locaux flambant neufs de Pennsylvania Avenue, tout près de la Maison-Blanche et du Capitole, la structure en dôme du quartier des affaires en développement de Rosslyn resta vacante un certain temps. Un centre culturel finit par s'y implanter, que l'on baptisa « Artisphere » à cause du célèbre toit en dôme, et qui ferma en 2015. Freedom Park fut transformé en jardin paysager et doté de bancs, et offre aujourd'hui une vue panoramique sur les toits de Washington de l'autre côté du fleuve Potomac.

Ce parc doit sa forme allongée au fait qu'il était à l'origine destiné à servir de pont routier pour relier le district de Columbia, à l'image du parc suspendu de High Line, à Manhattan, bien que sa simplicité évoque plutôt l'Elevated Acre.

Cette promenade plantée n'a pas encore développé tout son potentiel, mais elle présente déjà un lieu calme où se ressourcer et oublier un moment l'effervescence du quartier des affaires en dessous.

À PROXIMITÉ

THE NETHERLANDS CARILLON
CARILLON DES PAYS-BAS

Le carillon des Pays-Bas symbolise la gratitude des Hollandais envers les États-Unis en échange de l'aide qu'ils leur ont apportée pendant et après la Seconde Guerre mondiale. Le jour de son inauguration le 5 mai 1960, à l'occasion du 15e anniversaire de la libération hollandaise, Juliana, la reine des Pays-Bas, fit un discours métaphorique à propos des cloches, de l'énorme bourdon à la plus petite cloche : « Pour obtenir une harmonie parfaite, il faut également prendre en compte les voix les plus timides, qui ne peuvent s'appuyer sur leur puissance de résonnance. Les hommes devraient en tirer une leçon. Il y a encore tellement de sans-voix dans ce monde troublé. Pensons très fort à eux à chaque fois que nous entendons le carillon. »

Ouvert de 6 h à minuit, ce clocher à 50 cloches de 39 mètres de haut carillonne toutes les heures, de 10 h à 18 h. Il joue des airs patriotiques automatisés tous les jours à midi et à 18 h. Pendant les mois d'été, les carillonneurs font des concerts le samedi soir, de 18 h à 20 h. Sur la place en quartzite, deux lions en bronze stylisés contemplent la vue parfaitement dégagée.

ÉCURIES DU CAISSON PLATOON DU RÉGIMENT ❸ OLD GUARD

236 Jackson Avenue Joint Base Myer-Henderson Hall, VA
• oldguard.mdw.army.mil • Tél. : +1 703-696-3018
• Horaires : visite des écuries du mardi au dimanche de midi à 16 h ;
présenter une pièce d'identité, les véhicules sont fouillés à l'entrée
• Accès : métro Farragut North (ligne rouge), puis bus 16Y en direction
de Barcroft

Les écuries centenaires de Fort Myer se visitent, mais ce n'est pas là que vous irez pratiquer l'équitation. Vous pourrez en revanche y découvrir la symbiose qui s'établit entre un soldat et sa monture. Le 3e régiment d'infanterie, surnommé la Old Guard et créé en 1784, est le plus ancien régiment d'infanterie de l'armée américaine. Son Caisson Platoon, établi en 1948, est la dernière unité montée du département de la défense. La Old Guard a conservé la tradition de la guerre de Sécession d'évacuer les morts et les blessés du champ de bataille sur des caissons d'artillerie. Ces caissons vernis de 1918 sortent 5 jours par semaine pour transporter les cercueils de vétérans, drapés des couleurs américaines, au Cimetière national d'Arlington, où ils sont inhumés selon le cérémonial militaire. Deux attelages de 6 chevaux, menés par un cavalier, accomplissent 8 enterrements par jour dans le plus grand silence, si ce n'est le bruit des sabots.

Cavalier et destrier, camarades d'armes

Le dévouement des soldats de l'ancienne garde à leur destrier et le respect qu'ils vouent à la mémoire de leurs compatriotes disparus donnent une idée de l'exigence de l'entretien des écuries. Ils confectionnent eux-mêmes les harnachements, entretiennent les selles, le matériel de ferrage, les boxes, les douches et les caissons. Lorsqu'ils ne sont pas occupés à l'exécution impeccable de leurs processions solennelles, leurs protégés paissent librement à Fort Belvoir (Virginie).

ÉQUITHÉRAPIE

Depuis 2006, un programme d'équithérapie est organisé à Fort Belvoir, permettant à des militaires infirmes de prendre des leçons d'équitation avec l'aide de soldats du Caisson Platoon. Les hommes et les chevaux se déplacent en bougeant les hanches de façon similaire, donc le fait de monter à cheval peut simuler le mouvement de la marche chez des anciens combattants qui ont perdu leurs jambes ; voilà un des nombreux bienfaits physiques, psychiques et émotionnels de l'équithérapie.

À PROXIMITÉ

LA TOMBE DE BLACK JACK

Les cendres de Black Jack, dernier cheval à avoir intégré les rangs de l'armée, furent enterrées en grande pompe en 1976 sur la place d'armes de Fort Myer. Célèbre pour ses excentricités dans le cortège funéraire de JFK, ce vétéran de 29 ans remplit le rôle de cheval sans cavalier à plus de 1 000 obsèques. Selon la tradition, ce dernier avance derrière le caisson d'un président, d'un colonel ou d'un soldat de grade supérieur, en portant une selle vide et des bottes à l'envers dans les étriers en hommage au cavalier qui ne montera plus à cheval.

BUREAU HISTORIQUE DE FRANKLIN, ARMFIELD & CO.

❹

Northern Virginia Urban League Freedom House Museum
1315 Duke Street, Alexandria, VA
• nvulypn.wildapricot.org/About-Us-(NOVAUL) • Tél. : +1 703-836-2858
• Ouvert du lundi au vendredi de 10 h à 16 h ; visites guidées (durée 30 - 45 minutes) et visites le week-end sur rendez-vous ; freedomhouse@nvul.org
• Entrée gratuite, mais les dons sont appréciés
• Accès : métro King Street (ligne jaune) puis navette gratuite King Street jusqu'à Payne Street

Un souffle de justice après une histoire tumultueuse

Dans une volonté de rendre justice, la filiale de l'Urban League en Virginie du Nord racheta en 1996 le bâtiment qui abritait autrefois la plus grande entreprise d'esclaves du pays. L'organisation, qui prend la gérance de cette propriété historique très au sérieux, a ouvert un petit musée dans la cave, le Freedom House Museum, à l'endroit où hommes, femmes et enfants étaient autrefois gardés prisonniers. Le mur de l'escalier est orné d'inscriptions à la mémoire de certains esclaves: « Phillis 770$, 18 ans. Ambrose 800$, 30 ans, tanneur. Dennis 770$, 35 ans, tonnelier, charpentier et charron. Betsey et ses enfants 920$, 25 ans, Clem 9 ans, Ellen 5 ans, Susan 4 ans. Ned et Belina Brown 1 500$, 21 ans. »

De 1828 à 1836, le bâtiment abrita les bureaux de l'entreprise lucrative d'Issac Franklin et John Armfield, qui rachetèrent également le reste du pâté de maisons et firent ériger un mur autour de la propriété pour protéger leurs investissements et dissimuler leurs pratiques honteuses. Les hommes étaient parqués dans un enclos d'un côté de la cour et les femmes de l'autre. L'ensemble comprenait notamment une cuisine pour les esclaves, un atelier de tailleur et une infirmerie. Les deux hommes ne négligeaient rien pour maintenir leurs esclaves en état pour être vendus. Ces derniers étaient acheminés à cheval par la route et l'entreprise possédait même ses propres bateaux pour les vendre à Natchez ou à La Nouvelle-Orléans.

Armfield était installé à Duke Street, tandis que Franklin gérait les bureaux des États du Sud. George Kephart reprit l'entreprise en 1836, puis Charles M. Price et John Cook lui succédèrent en 1858. John Cook fut ensuite remplacé par James H. Birch, qui vendit Solomon Northup (connu pour ses mémoires, Douze ans d'esclavage) dans la célèbre négrerie de Washington, surnommée la « Maison jaune », à un propriétaire d'esclaves de La Nouvelle-Orléans. Le commerce Price, Birch & Co. prospéra jusqu'à la reddition d'Alexandria en 1861. Lorsque les troupes de l'Union saisirent la propriété abandonnée, ils découvrirent un homme dans la cave, encore enchaîné.

Le révérend Henry Lewis Bailey quitta le 1315 Duke Street dans une caravane d'esclaves pour être vendu au sud. Enfant esclave, il devint homme de Dieu. Libéré en 1863 à l'âge de 21 ans, il rentra à pied à Alexandria depuis le Texas, retrouva sa mère au coin de Queen Street et de Payne Street, et devint un pasteur influent dans la communauté.

STATUE DES SŒURS EDMONSON

Edmonson Plaza
1701 Duke Street
Alexandria, VA
• Accès : métro King Street (ligne jaune)

Un monument au courage dans les ténèbres de l'esclavage

Le charmant centre historique d'Alexandria a également son lot de noirs secrets. Tout comme le Freedom House Museum (cf. page 243), ce bâtiment de style fédéral au 1701 Duke Street, désormais agence immobilière, abritait autrefois la prison Bruin's Slave Jail. Sur la place adjacente qui porte leur nom, les sœurs Mary et Emily Edmonson, sculptées en bronze, se dressent dans l'ombre d'un rocher représentant « les ténèbres de l'esclavage », selon le sculpteur, Erik Blome.

Bien qu'en 1848 Paul Edmonson était un homme libre, les 14 enfants qu'il eut avec sa femme Amelia héritèrent du statut d'esclave de leur mère. Le 15 avril, Richard, Ephraim, John, Mary et Emily Edmonson, entraînés par leur frère Samuel, faisaient partie des 77 courageux à tenter de fuir l'esclavage à bord de la goélette Pearl. Les sœurs Edmonson, encore adolescentes, devinrent un symbole de la cause abolitionniste suite au célèbre « Pearl Incident », la plus grande tentative d'évasion d'esclaves de l'histoire des États-Unis.

Paul Jennings (ancien esclave du président James Madison) fomenta ce projet avec Daniel Bell, l'homme libre qui finança l'affrètement du navire dans le but de faire passer en secret ses proches esclaves au nord. Les passagers profitèrent de la nuit pour embarquer discrètement à bord du vaisseau amarré au quai de 7th Street, dans l'espoir de rejoindre la baie de Cheasepeake par le fleuve Potomac, et de là, remonter le Delaware jusqu'à la liberté. Mais des vents violents ralentirent leur progression.

Pendant ce temps, Judson Diggs, un garçon d'écurie noir, informa les propriétaires des esclaves de ce plan funeste. Furieux, ceux-ci s'emparèrent de la goélette, qui mouillait alors à Point Lookout (Maryland). L'équipage fut incarcéré et l'on conduisit les 77 fugitifs chez le marchand d'esclaves Joseph Bruin de Duke Street pour qu'ils soient revendus au sud. La famille Edmonson dut requérir l'aide du réformateur Henry Ward Beecher pour financer le rachat de ses enfants. On libéra les deux filles, que leur teint clair condamnait à être vendues comme prostituées à La Nouvelle-Orléans. Les frères Edmonson finirent également par négocier leur liberté, mais l'on ignore ce qu'il advint des autres esclaves. Après quatre ans d'emprisonnement, l'équipage fut amnistié par le président Millard Fillmore.

C'est cette épopée qui a inspiré à la sœur du révérend Beecher, Harriet Beecher Stowe, son roman corrosif La Case de l'oncle Tom, manifeste de la cause abolitionniste. Les Beecher financèrent l'éducation des sœurs Edmonson à Oberlin College, mais Mary mourut quelques mois plus tard de la tuberculose. Accablée de chagrin, Emily retourna à Washington, où elle se maria, fonda une famille et travailla comme éducatrice tout en continuant à militer pour les droits de l'homme.

LA MAISON DE LA COLÈRE DE QUEEN STREET ❻

523 Queen Street
Alexandria, VA
Maison privée, seule la façade est visible
• Accès : métro King Street-Old Town (lignes bleue ou jaune), puis bus
gratuit King Street trolley jusqu'à North St. Asaph Street et marcher 100
mètres vers l'est

On trouve beaucoup d'habitations du XIXe siècle de taille modeste dans le centre historique d'Alexandria, mais cette maison de Queen Street peinte en bleu, près du croisement avec North St. Asaph Street, est de loin la plus étroite de la région,

La maison la plus étroite de la région

avec ses 2 mètres de largeur. D'après les sources locales, le propriétaire de la maison voisine au 525, John Hollensbury, aurait construit ce minuscule édifice en 1830 pour se venger de son voisin et l'empêcher de garer son énorme voiture à cheval dans l'allée. Bien qu'aucun document officiel ne confirme le mobile de Hollensbury, des traces sur les murs en briques de la maison lilliputienne semblent en effet attester du passage d'un véhicule.

Selon une autre théorie, ce ne serait pas une querelle de voisinage, mais plutôt une histoire d'amour qui aurait motivé la construction de cette maison. On raconte également qu'elle aurait été bâtie par Hollensbury, briquetier de métier, pour ses filles Julia et Harriett, comme cabane de jeu. Une fois adulte, Julia (morte en 1901) y passa en tout cas plusieurs années.

Mais il y a décidément une faille dans ces hypothèses (ou dans les archives), car la propriété du 521 ne fut construite qu'en 1870, or il fallait bien que la petite maison s'appuie contre un deuxième mur… Cette histoire de représailles a-t-elle donc été inventée dans le seul but de concurrencer la

célèbre maison new-yorkaise de 1,50 mètre de large, bâtie en 1850 et qualifiée par le New York Times de « drôle de vengeance » ?

Quoi qu'il en soit, la maisonnette vaut le coup d'œil si vous explorez le patrimoine d'Alexandria (cf. page 251), mais ne vous attendez pas à ce que l'on vous fasse visiter l'intérieur. Si vous voulez voir à quoi ressemble à présent la cuisine ou le salon, vous pouvez toujours chercher des photos sur Internet.

PLAQUE D'UNE COMPAGNIE D'ASSURANCE À L'INTENTION DES POMPIERS

Au-dessus de la porte, on aperçoit la plaque d'une compagnie d'assurance à l'intention des pompiers en cas d'incendie, pratique courante à la fin du XVIIIe et au début du XIXe. Sur cette photographie des années 20, on ne voit toutefois ni la plaque ni les deux ancres de façade en forme d'étoile, qui ont donc été ajoutées plus tard.

Photo d'archive, Library of Congress

MUSÉE D'APOTHICAIRE DE STABLER-LEADBEATER

8

105-107 South Fairfax Street Alexandria, VA
• alexandriava.gov/Apothecary • Tél. : +1 703-746-3852
• Ouvert de novembre à mars du mercredi au samedi de 11 h à 16 h,
dimanche de 13 h à 16 h ; d'avril à octobre du mardi au samedi de 10 h à
17 h, dimanche et lundi de 13 h à 17 h • Tarif : 5 $
• Accès : métro King Street (lignes bleue ou jaune) puis bus gratuit King
Street Trolley

L'apothicaire abolitionniste

Cette pharmacie historique du quartier, qui eut notamment pour clients les membres de l'éminente famille de George Washington, a aujourd'hui été transformée en musée, et ses trésors nous permettent de retracer trois siècles d'histoire de la ville d'Alexandria. Située à la même adresse que la boutique ouverte par l'apothicaire quaker Edward Stabler en 1796, la pharmacie est demeurée intacte. Jusqu'à sa fermeture en 1933 pour faillite, la boutique fut tenue par une même famille et faisait partie intégrante de la vie du quartier. Des riverains visionnaires se mobilisèrent pour sauver l'établissement et fondèrent un comité local de protection du patrimoine (Landmarks Society), qui racheta le bâtiment. Le fonds du magasin, vendu aux enchères à l'Association pharmaceutique américaine, fut donné au comité en 1939 afin de créer un musée.

Des fouilles archéologiques réalisées dans la cave dans les années 80 révélèrent des milliers d'objets historiques. On découvrit entre autres des flacons portant l'inscription gaufrée « Huile pour gargarisme », « Onguent pour hommes et bêtes » ou encore ce « Baume de sorcière » pour traiter l'acné et raviver le teint. Une molaire humaine retrouvée lors des fouilles nous confirme que l'on pratiquait bel et bien l'extraction dentaire dans la pharmacie.

La visite du musée commence par un bref historique de la boutique, depuis son fondateur abolitionniste Edward Stabler (qui achetait des esclaves pour leur accorder ensuite la liberté), en passant par son fils William et son gendre John Leadbeater, jusqu'à son petit-fils Edward Leadbeater, qui inaugura avec ses fils l'entrée de ce commerce dans le XXe siècle.

Les rayonnages du premier étage sont couverts de bocaux pharmaceutiques d'un autre temps, ornementés de mots inconnus. Parmi les curiosités exposées, on trouve des potions de morphine pour soulager les coliques des nourrissons, et même des scarificateurs et phlébotomes, utilisés dans la pratique de la saignée.

On peut également lire un message rédigé de la part de Martha Washington, souffrante : « Mme Washington prie M. Stabler de remettre au porteur un litre de sa meilleure huile de ricin, ainsi que la facture. Mount Vernon, le 22 avril 1802. »

À l'étage, les boîtes et les tiroirs au contenu inchangé nous renseignent sur la materia medica de l'époque : sang-dragon, racine de licorne, ou encore la « vigne de squaw », témoin du contact avec les populations amérindiennes, qui en faisaient grand usage. Une trappe dans le plancher révèle un système ingénieux de monte-charge communiquant avec la boutique du rez-de-chaussée.

En 2006, le comité de protection du patrimoine fit don du musée à la ville d'Alexandria.

PHARE DE JONES POINT

1 Jones Point Drive, Jones Point Park, Alexandria, VA
- nps.gov/gwmp/planyourvisit/jonespoint.htm
- Tél. : +1 703-289-2553 (téléphoner pour réserver une visite du parc ; seule la partie extérieure du phare est visible, l'intérieur est fermé au public)
- Ouvert de 6 h à 22 h
- Accès : métrobus 11Y Mt. Vernon Express jusqu'à Washington Street et South Street ; horaires disponibles sur le site wmata.com

Berceau de la capitale américaine

Au sud du centre historique, à l'ombre du Woodrow Wilson Bridge, se dresse le dernier phare de la baie de Chesapeake. Située au confluent du fleuve Potomac et de Hunting Creek, cette pointe forme la seule frontière terrestre entre l'État de Virginie et le district de Columbia. Une pyramide en verre sur la modeste jetée révèle l'emplacement d'une pierre érodée, enfermée en contrebas derrière la digue. Érigée en grande pompe soixante-quatre ans avant la construction du phare, c'est la première des 40 bornes frontières (cf. page 93) de la capitale. Il s'agit donc du plus ancien monument fédéral américain.

Pendant les siècles qui ont précédé l'arrivée des colons, la rive était un terrain de chasse et une zone de pêche pour les populations amérindiennes. Margaret Brent, première femme propriétaire terrienne au Maryland, avocate et suffragette, se vit attribuer la première parcelle à Piper's Island (Virginie), dont elle devait déboiser les 700 ares pour y planter du tabac, produit de valeur. La terre fut finalement achetée par John Alexander, qui a donné son nom à la ville d'Alexandria (dont le plan fut réalisé en 1748 par le futur président, George Washington, alors adolescent).

Le commandant géomètre Andrew Ellicott confia au Noir Benjamin Banneker la pénible mission de tenir un registre d'observations astronomiques afin d'établir les frontières d'un nouveau territoire fédéré, comprenant les terres données par les États du Maryland et de Virginie. La borne sud fut placée le 15 avril 1791.

Quant au phare de Jones Point, il fut construit en 1855 pour assurer la sécurité des nombreux navigateurs du fleuve et encourager ainsi le commerce maritime. Il fait partie des premiers phares à avoir intégré le signal lumineux

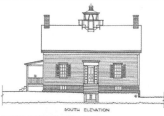

SOUTH ELEVATION

à l'habitation du gardien. Le phare cessa son activité en 1926 et fut cédé à la société des Filles de la Révolution américaine, puis au National Park Service, qui ouvrit le parc attenant en 1964. La lentille de Fresnel du phare est désormais exposée au musée d'Histoire d'Alexandria.

SUR LE RIVAGE

La zone a abrité une corderie au XIXe siècle, un chantier naval pendant la Première Guerre mondiale et même un quartier de prostituées dans les années 1900, avec des maisons closes flottantes et des péniches de jeux. Aujourd'hui, on peut pêcher, faire du kayak et jouer au basket-ball dans le parc.

LA MAISON DE LOREN POPE ET DE LA FAMILLE ⑩ LEIGHEY

Woodlawn Plantation 9000 Richmond Highway, Alexandria, VA
• woodlawnpopeleighey.org • Tél. : +1 703-780-4000
• Ouvert du vendredi au lundi de 11 h à 15 h, d'avril à décembre ; visites
toutes les 30 minutes
• Tarifs : adulte 15$, senior (plus de 62 ans) et militaire sur justificatif
12$, enfant 7,50$ (moins de 19 ans), gratuit pour les moins de 5 ans
• Accès : le plus simple est de s'y rendre en voiture, sinon la station
de métro la plus proche est Huntington (ligne jaune) ; consulter le site
wmata.com pour plus d'informations

La seule maison de la métropole conçue par Frank Lloyd Wright à être ouverte au public

Construite sur le domaine de Woodlawn, à Alexandria, cette maison «usonienne» typique de Frank Lloyd Wright est la seule construction de l'architecte dans la métropole à être ouverte au public.

En tant que réformateur social, Frank Lloyd Wright était convaincu que de jolies habitations bien conçues, en harmonie avec la nature, étaient la clé pour maintenir une société démocratique éclairée, et qu'il fallait les rendre accessibles au plus grand nombre. Afin de désigner de manière plus spécifique ces résidences abordables à l'architecture typiquement américaine, il eut recours au terme « usonien » (formé à partir de l'acronyme de « United States of North America »), inventé au début du siècle. De 1936 à sa mort, en 1959, il fit ainsi construire pas moins de 60 maisons usoniennes. En 1939, Loren Pope, journaliste de l'Evening Star, fit une requête auprès du célèbre architecte : « Tout homme attend différentes choses de la vie. À la fois des choses d'ordre matériel et spirituel. L'écrivain que je suis nourrit un fervent

désir qui marie les deux. Il souhaiterait une maison de votre création. » Frank
Lloyd Wright répondit brièvement : « Cher Loren Pope, bien sûr, je suis tout à
fait disposé à vous construire une maison. »

Bâtie au 1005 Locust Street dans la ville de Falls Church, la demeure intègre
« l'esprit de la Nature » (avec un grand N), selon l'architecte, et incorpore
l'environnement dans son espace. À l'entrée, les propriétaires se garent
sous un auvent et peuvent ainsi rentrer directement chez eux. La maison
de plain-pied en forme de L est construite à partir de matériaux écologiques
peu coûteux : bois de cyprès de Louisiane, briques, verre et sols en béton
peints en rouge Cherokee, signature de l'architecte. L'ingénieuse habitation,
qui comprend deux chambres, une salle de bains, un bureau, une cuisine,
un salon et une salle à manger, est conçue de façon multifonctionnelle,
tout comme le mobilier dessiné par Frank Lloyd Wright. L'architecte a
astucieusement créé des espaces de différents niveaux au sein des pièces pour
donner une impression d'ouverture. Des fenêtres à claire-voie ajoutent un
élément décoratif tout en permettant une meilleure aération. Des conduits
d'eau chaude intégrés dans le sol en ciment diffusent une chaleur rayonnante.

Racheté en 1946 par la famille Leighey, le domaine se retrouva en 1961 sur
le tracé du prolongement de l'autoroute I-66. En 1964, la veuve Leighey fit don
à la fois de sa demeure et de son indemnité d'expropriation au National Trust
for Historic Preservation, qui transféra la maison à Woodlawn. Laissée en
viager à Mme Leighey, celle-ci y résida jusqu'à sa mort, en 1983.

La demeure dut être déplacée une nouvelle fois en 1995 à cause de
l'instabilité du sol argileux ; réinstallée 10 mètres plus haut, elle a aujourd'hui
été transformée en musée. La maison parfaitement conservée offre ainsi
la chance aux visiteurs d'admirer le génie de Frank Lloyd Wright, qui a su
prouver la pertinence du développement durable en utilisant des matériaux
locaux.

WORKHOUSE ARTS CENTER

9518 Workhouse Way, Lorton, VA
• workhousearts.org • Tél. : +1 703-584-2900
• Ouvert du mercredi au samedi de 11 h à 18 h, dimanche de 12 h à 17 h ;
musée de la prison ouvert du mercredi au vendredi de 12 h à 16 h, samedi et
dimanche de 12 h à 17 h • Accès : le plus simple est de s'y rendre en voiture ;
sinon il est possible de prendre le métro jusqu'à Pentagon (lignes bleue ou
jaune) puis le Metrobus L

Une colonie pénitentiaire transformée en enclave artistique

L'ancien établissement pénitentiaire de Lorton, en Virginie, a été reconverti en centre d'art pluridisciplinaire. Autrefois, on était uniquement convié à Lorton pour purger sa peine, mais aujourd'hui, il peut très bien s'agir d'une invitation à un gala d'art contemporain.

La transformation du site, depuis l'époque où les tentes des prisonniers parsemaient la berge de la rivière Occoquan jusqu'à la création du Workhouse Arts Center, partit d'une noble intention, mais n'échappa pas à la corruption. Une réforme pénitentiaire, la lutte pour le droit de vote des femmes, la guerre froide et plusieurs décennies d'incarcération ont marqué tour à tour l'établissement, qui s'est agrandi progressivement.

L'Occoquan Workhouse, dépourvue de barrières, de cellules et de serrures, fut fondée en 1910 pour pallier la surpopulation et l'insalubrité de la prison de Washington, avec pour but le redressement et la réinsertion des détenus en leur offrant « de l'air pur, de la nourriture saine (produite sur place) et un travail honnête ». Le travail pénitentiaire leur assurait ainsi une formation professionnelle, tout en créant une source de revenus pour l'établissement. Les bornes d'appel pompiers et les bouches d'incendie de la capitale (cf. page 83) furent notamment forgées dans la fonderie de la prison, et la ligne de chemin de fer Lorton & Occoquan, construite également par les prisonniers, permettait de se déplacer sur le site.

Soixante-douze suffragettes, incarcérées en 1917 pour avoir manifesté devant la Maison-Blanche, subirent des mesures de répression draconiennes (elles furent notamment gavées), ce qui contribua à amplifier le mouvement pour le droit de vote des femmes. Dans les années 30, on construisit une prison extrêmement sécurisée pour les criminels dits « endurcis », puis le site fut équipé d'un système de missiles antiaériens en 1953 pour parer une éventuelle attaque nucléaire de l'URSS. Dans les années 50 et 60, la prison accueillait le festival annuel de jazz de Lorton, durant lequel des musiciens de talent tels qu'Ella Fitzgerald, Frank Sinatra ou encore Ray Charles

donnaient des concerts en plein air pour les détenus. Mais dans les années 90, l'établissement prit un autre tournant et s'illustra par sa violence, son trafic de drogue et sa surpopulation (44 % au-dessus de sa capacité d'accueil). On ferma le centre de détention et les derniers prisonniers furent transférés ailleurs en 2001.

L'édifice de style postcolonial,

conçu dans les années 20 dans l'idée de « ressembler le moins possible à un établissement carcéral », se prête particulièrement bien à sa nouvelle fonction. Les ateliers lumineux et les immenses galeries offrent aux artistes et aux visiteurs un lieu d'échange interactif. Le Workhouse Museum, quant à lui, immortalise l'histoire tumultueuse de la prison.

UNE CHANSON ENREGISTRÉE DEPUIS LE TÉLÉPHONE DE LA PRISON

Pendant sa détention, dans les années 50, Chuck Brown, le père du go-go, échangea des cigarettes contre une guitare ; la suite, on la connaît. Au milieu des années 60, Petey Greene réussit à persuader un autre détenu de faire semblant de se suicider, afin de pouvoir ensuite l'en «dissuader». Cet acte d'héroïsme feint valut au DJ une remise de peine et il fut le pionnier de la radiodiffusion engagée « Tell it like it is ». Incarcéré en 1985 pour une affaire de cannabis, H.R., chanteur du groupe de punk hardcore Bad Brains, écrivit Sacred Love en captivité et, à ce que l'on dit, il aurait même enregistré la chanson depuis le téléphone de la prison, en retirant l'embout du microphone pour plus de clarté.

LA FLOTTE FANTÔME DE MALLOWS BAY ⓬

Mallows Bay Park
1440 Wilson Landing Road
Nanjemoy, MD
• charlescountyparks.com/parks/mallows-bay-park
Charles County Tourism 800 SO MD FUN
• Ouvert tous les jours de 5 h 30 au coucher du soleil
• Pas accessible en transport en commun ; environ 1 heure de route de
Washington

Un nouvel écosystème au milieu des épaves

Il n'y a rien de plus plaisant que d'observer la nature reprendre ses droits sur les constructions humaines laissées à l'abandon. Comme cet écosystème qui s'est développé au milieu des épaves de navires sabordés dans la baie de Mallows. Sur la rive ouest de l'État du Maryland, en face de la base militaire de Quantico, la baie abrite les carcasses de nombreux bateaux à vapeur de la Première Guerre mondiale, des bateaux de pêche abandonnés, des voiliers traditionnels, un quatre-mâts goélette de 1900 et même des vestiges de vaisseaux de la guerre d'indépendance. Aujourd'hui, les balbuzards ont fait leurs nids dans ce sanctuaire marin ; les coques des bateaux engloutis forment de petits îlots et les eaux troubles regorgent de bars.

Cet étrange recoin de la région de Chesapeake est le fruit de la rencontre entre guerre, économie et écologie. Lorsque les États-Unis entrèrent en guerre en 1917, une entreprise spéciale fut fondée pour accélérer la production de navires, et un millier de vaisseaux furent construits en 18 mois en prévision d'un conflit de longue durée. Mais la guerre prit fin avant que la totalité de la flotte ne soit achevée et le Congrès vendit les navires à la Western Marine and Salvage Company, qui les démantela et récupéra les pièces encore utilisables. L'entreprise fit cependant faillite en 1931. À la veille de la Seconde Guerre mondiale, Bethlehem Steel reçut 200 000$ de la part du gouvernement américain pour sonder le bassin maritime et extraire les tonnes de fer des épaves. Mais l'entreprise s'avéra de nouveau un échec financier et le projet fut abandonné en 1943. Depuis, la nature prend soin de réaménager le site à sa guise.

Hormis l'installation d'une rampe de mise à l'eau en 2010 pour faciliter l'accès aux kayaks et aux canoës, l'anse paisible n'a pas été aménagée. Chaque année, en février, les grands hérons reviennent faire leurs nids dans la colonie de Nanjemoy Creek. Depuis les bancs surplombant la baie, on peut apercevoir le S.S. Accomac, un énorme ferry en acier qui cessa son activité en 1964, lorsque l'on construisit le pont-tunnel de Chesapeake Bay.

Don Shomette, fasciné depuis son enfance par ce cimetière de bateaux, qu'il a baptisé la « flotte fantôme », a méticuleusement étudié chacun des navires et rédigé le descriptif historique que l'on peut lire dans le parc.

COMMUNAUTÉ AMISH DU MARYLAND ⓭

Marché du comté de St. Mary et fermes alentour
37600 New Market Road, Charlotte Hall, MD
• visitstmarysmd.com • Tél. : +1 240-309-4021
• Ouvert d'avril à décembre, si le temps le permet ; fermé le dimanche ;
consulter le calendrier pour les horaires
• La plupart des Amish ne souhaitent pas être photographiés ; restez sur
les chemins et ne pénétrez pas dans les allées privées
• Environ 1 heure de route depuis Washington ; pas de transport en
commun

Jamais le dimanche

Si vous mentionnez la communauté amish sur la côte est, la plupart des gens songeront aux disques multicolores peints sur la façade des granges et aux anabaptistes modestes et travailleurs de Lancaster, en Pennsylvanie. Mais dans un comté au sud du Maryland, célèbre pour ses nombreux circuits automobiles, on peut également entendre le doux bruit des sabots des chevaux tirant des calèches résonner sur les routes. Le comté de St. Mary abrite une communauté amish isolée depuis 1939, lorsque 7 familles du Pennsylvania Dutch Country s'installèrent le long de Thompson Corner Road (Route 236), attirées par le prix dérisoire des terrains.

Çà et là, on peut ainsi apercevoir des panneaux de signalisation avec un cheval tirant une calèche, installés à l'intention des automobilistes le long de la Route 236. Des vêtements austères suspendus sur une corde à linge dans les jardins soulignent la profonde humilité des résidents. Le village compte plus d'un millier d'habitants, qui vivent en parfaite autarcie dans une grande simplicité, en accord avec leur foi inébranlable. Ils observent les règles de l'Ordnung, de tradition orale, qui rejettent notamment la vanité, la violence, l'électricité et les voitures.

Sous l'influence de la modernité, la communauté s'est légèrement adaptée et autorise désormais l'utilisation du téléphone depuis des cabines, situées loin des habitations afin d'encourager la modération. Posséder ou conduire

une automobile est verboten (interdit), mais les habitants ont le droit de monter dans une voiture en tant que passagers. Les jeunes Amish chapeautés sont rasés de près jusqu'à leur mariage et les femmes célibataires doivent être coiffées d'un bonnet noir. Le port des bijoux est interdit, c'est donc à la barbe et à la couleur du bonnet que l'on reconnaît leur situation familiale.

Les villageois parlent un dialecte allemand, le Pennsylvania Dutch, et désignent tous les non-Amish sous le terme d'« Anglais ». La plupart des familles cultivent leurs terres, font des conserves, de la menuiserie et du patchwork et vendent ensuite leurs confections au marché ou directement chez eux, auquel cas une pancarte devant la maison le signale. Vous pourrez également adopter d'adorables chiots et de petits lapins, et déguster d'excellentes tartes et confitures (essayez donc le « Shoofly »). Les plaids en patchwork conçus pour la communauté sont relativement sobres, mais ceux vendus aux étrangers, bien plus colorés, rivalisent de créativité. Chaque année, en novembre, une vente aux enchères marque le temps fort de la saison.

C'est sur l'île de St. Clement, non loin de là, qu'accostèrent les premiers colons dans la baie de Chesapeake, le 3 mars 1634. Ils la baptisèrent alors « Terra Mariae », « la terre de Mary » (Maryland).

INDEX ALPHABÉTIQUE

INDEX ALPHABÉTIQUE

NOTES

NOTES

NOTES

NOTES

NOTES

NOTES

Remerciements
Edward, Loretta & Michele Chatmon
Laura Barry/Historical Society of Washington, DC
Larry Bradshaw
Harriette Cole
Julia Chance
Kia Chatmon
DC Public Library and the dedicated librarians of the Washingtoniana Room
Caroline Doong
Tuei Doong
Eric Easter
Rachel Elwell
Carla Garnett
Walter Gold
Brynda Harris
Andrea Hartman/Smithsonian Associates
JD Hathaway
Greta Hays/Arena Stage
Dietrich Johnson
Brenda Jones
Lisa Jones
Denise Kerr
Judith Korey
Lee Lipscomb
Jerry A. McCoy
National Building Museum
Dale and Fred Nielsen
Dianne Robinson
Jacqueline Shepard-Lewis
Barbara Summers
Dori Ten
Gabriel Tolliver
Hillary Vehrs
Warren Whitt
Angela Wiggins
Renee Williams
Todd Wilson
and Ghosts of DC, House History Man and Streets of Washington

Crédits:
Tous les textes sont écrits par **Sharon Pendana** sauf les pages : 88 et 89, 116, 117, 118, 119, 120, 121, 138 et 139.

Crédits photographiques :
Toutes les photos sont de **Sharon Pendana** à l'exception de : p. 60, **Michele Chatmon**; p. 123, **Gyrofrog/Creative Commons**; et p. 224, **Meditation Museum/Brahma Kumaris**

Avec l'aimable autorisation de :
Anne Arundel County Public Library, p.71 1878 Hopkins Atlas. Curtis Investment Group p.201. DC Public Library Commons, p.101. Galladuet Archives, Gift of Reuben I. Altizer, p.144. Historical Society of Washington, DC, p.29. Ladew Topiary Gardens, p. 233. Library of Congress, p.32 Theodor Horydczak LC-H813-2272-A; p.73 c.1865 LC-USZC4-1967; p.83 Jack Boucher HABS DC,GEO,120−3; p.84 HABS DC,WASH,168; p.97 LC-USZ62-112436; p.147 ©Underwood & Underwood LC-USZ62-68318; p.247 LC-DIG-npcc-32128; p.253 HABS VA,7-ALEX.V,2. National Air & Space Museum p.165 NASM (00138840). National Postal Museum, p.141. Prince George's County Historical Society, p.229. Smithsonian American Art Museum, p.34. Scurlock Studio Records/Smithsonian Institution p.158. Silver Spring Historical Society, p.223, Willard Ross, c.1917.United States Holocaust Memorial Museum, p.168, "Oneg Shabbat Milk Can"; Workhouse Arts Center, p.256-257; p. 37, Steve Hajjar for Smithsonian Associates.

Cartographie : **Cyrille Suss** - Conception de la maquette : **Roland Deloi** - Mise en page : **Stéphanie Benoit et Vany Sánchez** - Traduction : **Elena Bernard** - Lecture-correction : **Marie-Odile Boitout** et **Stéphanie Coudrier**

© **JONGLEZ** 2017

Dépôt légal : avril 2017 – Edition: 01

ISBN: 978-2-36195-192-4

Imprimé en Bulgarie par Multiprint